U0361381

CLOUD STRATEGY

How Traditional Companies Upgrade Business By Internet

云战略

传统企业如何借助互联网转型

（第2版）

徐欢生◎著

机械工业出版社

China Machine Press

图书在版编目（CIP）数据

云战略：传统企业如何借助互联网转型 / 徐欢生著. —2 版. —北京：机械工业出版社，2019.1

ISBN 978-7-111-61826-3

I. 云… II. 徐… III. 互联网络 – 应用 – 企业管理 IV. F272.7

中国版本图书馆 CIP 数据核字（2018）第 302389 号

云战略：传统企业如何借助互联网转型（第 2 版）

出版发行：机械工业出版社（北京市西城区百万庄大街 22 号　邮政编码：100037）
责任编辑：孟宪勐
责任校对：殷　虹
印　　刷：北京文昌阁彩色印刷有限责任公司
版　　次：2019 年 3 月第 2 版第 1 次印刷
开　　本：147mm×210mm　1/32
印　　张：5.25
书　　号：ISBN 978-7-111-61826-3
定　　价：49.00 元

序

让传统企业分享
万物互联的红利

公元 2019 年，正好是伟大的中华人民共和国建国 70 周年。

从 1999 年"BAT"诞生[⊖]开始计算，这一年是互联网进入中国的第 20 个年头。在中国最富有的人当中，互联网行业包揽前三名：马云、马化腾、李彦宏。

⊖ "BAT"为百度、阿里巴巴、腾讯三家互联网公司的简称。其中，百度成立于 2000 年 1 月，阿里巴巴成立于 1999 年，腾讯成立于 1998 年 11 月。此处作者按照 1999 年来计算"BAT"诞生时间。——编者注

从 1949 年中华人民共和国成立开始计算,这一年是中国传统企业进入的第 70 个年头。在中国最富有的 100 人中,身处传统企业的仍然占据了 80% 以上。

互联网公司的超速发展,以及其对传统产业越来越猛烈的变革,使"焦虑"成为很多传统行业企业家的常态。曾经有人用"颠覆"这个词来形容这种变革,后来发现引起了公愤,只能悄悄地改成"升级"。其实,对主动拥抱变革的传统行业的人来说,这叫"升级",而不知所措的人只能眼睁睁地看着自己被"颠覆"。很多行业可能在一夜之间发生天翻地覆的变化,甚至很多人可能连自己是怎么消失的都不明白。

列举一个极端的例子:在中国,一年血压计的销量大约是 1000 万台,但是,很可能在不久的将来,这个行业的绝大多数玩家都将"死去",因为有人会一年免费送出 500 万台血压计。是谁这么大方?难道是疯了吗?

答案当然是没有疯。这虽然起源于一个疯狂的想法,但是当它变成现实的时候,一定是一个天才的设计,这基于万物互联和互联网的商业逻辑,这个逻辑在本书中会得到清晰而完整的展示。

最传统的血压计行业可能是这样的结果，谁又能保证其他行业不会出现如此剧烈的变革呢？

所以，从现在开始，不要再抱怨竞争太激烈，不要再抱怨用户太挑剔，不要再抱怨员工不够忠诚，不要再抱怨合作伙伴忘恩负义，不要再抱怨资本市场对你爱理不理……唯有真正重视用户的需求，并且把所有的行动转化为满足用户的需求，与用户建立持久的联系，才是传统企业在未来唯一的出路。

请注意，这里讲的是"用户"，而不是"顾客"或者"消费者"。这个非常平常的词语，却构成了传统企业借助互联网转型的关键。如果不能深刻理解"用户"的概念，那么你所做的一切都将是空中楼阁。

在传统企业时代，从零做到10亿美元的公司，大约需要10年时间。

在PC互联网时代，从零做到10亿美元的公司，大约需要5年时间。

在移动互联网时代，从零做到10亿美元的公司，大约需要2年时间。

在万物互联时代，从零做到10亿美元的公司，最快可能只需要 12 个月时间。

12 个月？凭什么？

凭的就是云战略，以及超强的执行力。

所以，今天是最坏的时代，因为激烈的竞争已经让很多人喘不过气来；同时又是最好的时代，因为万物互联和智能设备的逐渐普及，让我们这个充满想象的世界诞生了更多新的可能。

很多时候，上帝为你关闭了一扇门，同时也为你开启了一扇窗。任何时候，请不要迷茫；请相信，天无绝人之路，自助者天助！

徐欢生

2019 年 1 月于北京

第 1 章　神秘的都教授

董事长的烦恼

36 岁的肖洒是血压计行业排名第二的东方血压计公司的董事长，可是最近他却怎么也潇洒不起来。三年前，他从父亲手中"接棒"这家公司的时候曾踌躇满志，定下了三年翻一番的目标。可事实上，他的日子却一天也没轻松过：先是赶上百年一遇的金融危机，国外订单大幅度削减，公司被迫削减产能，裁掉 1/3 的员工；然后又赶上"价格战"，全行业迅速进入"红海"，哀鸿遍野；最近刚刚缓过神，公司总裁张一凡又跟董事会提出辞职，他要跟几个朋友一起创业——创建一家关于互联网医疗的公司。肖洒一下子觉得天都快塌下来了，眼睁睁地看着公司的股价已经从最高点跌掉 80%，可他却无能为力。父亲一手创办的公司，难道就要毁在他的手上？

一天深夜，已经到了凌晨两点，他还在公司加班，思考着公司的下一步发展。可他的脑子里实在是千头万绪，产品、技术、品牌、销售、供应链……每个地方都是一团乱麻，根本不知道该从哪里下手。为了让自己清醒一下，肖洒去了一趟洗手间，用凉水洗了一下脸，然后迈着沉重的步伐回到了办公室。

他坐下来之后，突然发现自己的手机旁多了一个包装非常精致的白色小盒子，包装正面只有一行烫金小字："Baige Glass"（百歌眼镜）。肖洒心想，难道这就是传说中的"百歌眼镜"？上周百歌公司刚刚发布了百歌眼镜，据说功能非常强大，后台连接着百歌大脑，上至天文地理，下至人间苦乐，什么问题都难不倒它。可是这么晚了，是谁把这个东西送过来的呢？难道是秘书？不可能，她早就下班了。是司机？应该不会，他进来的话，肯定会在办公室里等自己回来。难道是太太来了？

一想到自己的太太，肖洒就感到深深的愧疚。当年他和太太张薇在美国读书的时候相识、相知和相爱，为了支持肖洒的事业，张薇放弃了美国著名投行鼎盛公司的工作，毅然跟着肖洒回到国内。结婚 5 年来，肖洒几乎把所有的时间和精力都放在公司，甚至在太太生孩子的时候，因为正好在外地出差，都没能来得及去病房陪伴一下。张薇对丈夫的辛苦也是看在眼里，疼在心里，虽然时不时地撒撒娇，但她深知肖洒的压力之大和责任之重，平时更是百般体贴，想方设法为丈夫分忧解难。

于是，肖洒大喊了几声："老婆！你过来了？"可是，空旷的办公室里根本就没有人应答。肖洒拿起手机，准备给太太打电话，可是猛然一想，现在已经是深夜两点了，万一太太睡着了，那岂不是又把她给吵醒了？

来自眼镜的都教授

带着好奇，肖洒轻轻地打开了白色的小盒子，里面是一幅漂亮的眼镜，镜框颜色竟然还是土豪金，唯一跟普通眼镜不一样的是镜架上没有镜片。肖洒的眼睛并不近视，但看到这么漂亮的眼镜也忍不住戴上试了一下，并且自言自语："这眼镜做得真漂亮啊！"

就在这时，突然有个声音在耳边回了一句："谢谢夸奖！这眼镜可不仅仅是一个装饰品哟！"

肖洒一惊，这声音很柔和、很舒服，却非常有涵养，仿佛就在耳边。他忍不住问道："请问您是谁？您在哪里？"

那个柔和的声音继续说："我是都教授，就在你的眼镜里，我在通过骨传导跟你说话呢。"

"都教授？你就是那个《来自星星的你》里面的都教授吗？"肖洒想起太太最近一直在看这部火得不得了的电视剧，还经常跟他说"初雪的日子，怎能没有炸鸡和啤酒呢"，前天下雪的时候，还特地在家里准备了炸鸡和啤酒等他回来吃饭。

"呵呵，那个都教授500年前跟我是本家，我俩刚好都姓都，但从来没见过面。我来自百歌大脑，是目前世界上最聪明和最有智慧的大脑。"

说到这里，肖洒的眼前突然出现了一片巨大的绿色草坪，不远处还有一个很大很大的湖，湖水在蓝天的映衬下，显得湛蓝湛蓝，这种景色他似曾相识。对了，这正是他在美国读书时的校园，当时他和张薇经常去那片草坪上躺着看天空。这时，旁边走过来一个彬彬有礼的年轻人，长得很像一个明星，可肖洒就是想不起来像谁，只见都教授热情地伸出手来跟他打招呼："Hi，肖洒，我就是都教授，很高兴认识你！"

肖洒也不由自主地伸出右手跟对方握手，可奇怪的是，明明两只手已经握在一起了，却丝毫感觉不到对方的力量和温度。都教授仿佛也看出了肖洒的疑惑，笑着说："呵呵，你现在紧握的并不是我真实的手，你现在看到的也不是真实的草坪和天空。"

"可是，可是，这一切也太逼真了！仿佛，不是仿佛，就是真的！"肖洒实在是太激动了，这可比看什么3D电影还逼真啊，如果再配上些许微风什么的，简直就是太完美了！

"你所看到的，正是我们用AR技术实现的。打个比方说，你肯定去电影院看过电影吧，电影实际上是通过一个放映机，把胶片上的内容投射到大屏幕上，然后观众再去看大屏幕并欣赏电影里面的场景和故事情节。我们的AR技术则更加先进，直接通过眼镜上的微型'放映机'，把内容投射到你眼睛里的视网膜上，然后你就会看到刚才的一幕，并且这个场景跟你所处的真实场景完全是融合在一起的。换言之，你其实区分不出来哪些是真实的场景，哪些是虚拟的场景，因为视网膜对于两者图像的接收是融合在一起的。"都教授耐心地解释，因为他知道，很多人第一次看到这样的情景一般都会发懵的。好在现在是晚上，肖洒看远处都是黑咕隆咚的，所以当他看到大学校园的时候，还没有跟现实中的场景叠加起来，否则他一定会更惊讶。

这时候，肖洒总算回过神来，他知道自己还是在自己的办公室里，眼前的一切不过是幻觉而已，更准确地说，是虚拟现实。不过如此不可思议的虚拟现实，还是深深地震撼了他。他知道，能够开发出如此革命性产品的百歌公司，技术能力显然已经远远超出了他的想象；更何况是传说中的百歌大脑，其智慧的水平不知要超越普通人多少倍。想到这里，他突然间兴奋起来：如果平时困扰我的问题，都教授都能帮我解决，那我的公司岂不是就有起死回生的希望了？

都教授的商业模式

带着忐忑不安的心情，肖洒很期盼地问："都教授，听说您是世界上最聪明、最有智慧的人，我的公司现在遇到了很大的困难，您能帮我解决吗？"

"当然可以！而且一分钱也不要！"都教授那柔和但肯定的声音，让肖洒几乎不敢相信自己的耳朵！他本来以为，都教授至少要跟他谈一下条件，如几百万甚至上千万美元的顾问费什么的，结果却回答得如此干脆利落。

为了防止对方变卦，肖洒还是很不放心地问道："都教授，我跟你素不相识，你为什么会帮我呢？"

都教授哈哈大笑，对肖洒说："肖洒同志，我们已经观察你很久了。你在美国读书的时候就进入了我们的'未来之星'培养名单。而且，你现在的公司只是遇到了一些暂时性的困难，基础还是非常不错的。我们愿意免费帮助你，并不是因为我们有多高尚，更何况我们每年还要投入上百亿美元去研发最新的技术和产品呢。"

肖洒这下子更是瞪大了眼睛："那么我就更加疑惑了，你们帮我到底是为了什么呢？你们一分钱的顾问费都不收，可是研发投入却那么大，你们的钱从哪里来啊？"

"哈哈，好问题！这就是我在未来要告诉你的秘密，在这里先简单回答你一下，这叫作'羊毛出在猪身上'！我们在全世界管理着上万亿美元的共同基金，专门投资像你们这样有潜力的公司。但我们跟其他的机构投资者不一样，我们追求的并不是短期的股票价差、跟风

我们跟其他的机构投资者不一样，我们追求的并不是短期的股票价差、跟风炒作，而是通过目前全世界最先进的百歌大脑，帮助公司决策层制定更优的战略，改善运营，从而达到提升公司长期价值的目标。

炒作，而是通过目前全世界最先进的百歌大脑，帮助公司决策层制定更优的战略，改善运营，从而达到提升公司长期价值的目标。所以我们也会长期持有你们的股票。"

"噢，我明白了！原来你们是通过这样的商业模式来盈利的。怪不得你们会这样不遗余力地帮我！都教授，我有好多好多问题，接下来要好好向你请教一下！"肖洒这下总算放心了，他知道都教授会真心帮他。

都教授看了看表，说："我很理解你现在的心情，但是你真的需要休息，身体才是革命的本钱！这样吧，现在已经是凌晨三点了，你的问题也不是一两句话就能说完的，你先回去好好睡一觉，明天我们再聊？"

肖洒这才发现自己也困得不行了，便感激地看了都教授一眼，说："好吧，那我们明天再详聊！"

都教授跟他挥手道别，眼前绿油油的草坪和湛蓝湛蓝的湖水也渐渐暗了下去，办公室恢复了之前的样子。肖洒摘下了百歌眼镜，凝视了好久，又小心翼翼地放进了白色的小盒子中，生怕一不小心弄坏了，就再也见不到都教授了。他简单收拾了一下桌面，便带着心爱的"宝贝"回家睡觉去了。

第 2 章　神奇的智能设备

奶奶的悲剧

第二天一早，肖洒便迫不及待地从床上爬起来，来到自己的书房，取出心爱的百歌眼镜，戴在了自己的鼻梁上。他轻轻地喊："都教授！都教授！"

只见书房里慢慢出现了一把椅子，上面坐着的正是都教授，他举手投足之间无不显示出世界级的大师风范，那双充满睿智的眼睛仿佛能看穿人世间的一切，肖洒的内心被深深地折服了。都教授看了看肖洒，微笑着说："肖洒同志，你还真是一个急性子。"

肖洒略带羞涩地说："嘿嘿，说实话，昨天晚上自从见到你之后，我很久才睡着，天一亮就赶紧爬起来找你。"

都教授问道："肖洒，你知道你的奶奶是怎么去世的吗？"

听到都教授突然提起奶奶，肖洒慢慢回忆起过去。那是十多年前，他刚刚去美国读大学的时候，突然接到父亲的一个长途电话，说奶奶因为脑出血走了。他当时惊愕了半天都没缓过神来，怎么也不敢相信这个噩耗。奶奶，他最亲爱的奶奶，从小把他带大的奶奶，竟然这样毫无征兆地突然离他而去。还记得在临出国的时候，奶奶拉着他的手说："孩子，你已经长大了，奶奶现在最大的愿望就是盼着你早点结婚，能抱到重孙子！"可是，奶奶过世的时候还没满 70 岁呢，命运有时候真的太不公平了！

"你想奶奶吗？"都教授柔和地问道。

"嗯，当然想！"肖洒的脑子里，浮现出了小时候奶奶给他做南瓜饼的画面，南瓜饼又香又甜，那时他是多么幸福啊！

"那你还记得你家的老房子在哪里吗？"

"没多远，开车半小时就到了！"

"那好吧，我们去老房子看你奶奶吧！"

"啊？"肖洒惊讶了一下，但想起了昨天晚上的情形，他知道一切皆有可能。

于是，肖洒戴着百歌眼镜，到车库里发动了他的奥迪 R8，从别墅区出发，先上了高速开了十几分钟，然后从一个出口下来，沿着林荫小道向村里的老房子驶去。

神奇的智能血压计

这是一栋三层楼的老房子，旁边还有两间平房，前面有一个很大的院子，旁边就是绿油油的农田。自从他们搬走以后，隔壁家的叔叔就搬来住在这里。肖洒敲了敲门，没人答应，院子里传来"汪汪汪"的狗叫声。于是肖洒推开院子大门，发现家里只有大狗阿黄在看家，叔叔和婶婶可能去地里干活了，而堂弟如今正在外地上大学，所以家里显得有点冷清。

突然，肖洒看见奶奶正在平房的门口洗衣服，看见肖洒进了院子，奶奶热情地挥了挥手，喊着："我的孙子回来啦。奶奶总算盼到你回来啦，过来过来，让奶奶好好看看你！"

肖洒知道这是虚拟现实，但他还是不由自主地走了过去。他宁愿相信奶奶还活着，更何况，奶奶就活生生地出现在眼前，能够跟奶奶说说话，他已经很满足了。

不知什么时候，都教授也跟着他一起来到了奶奶的面前。都教授拿出一款血压计，跟奶奶说："老人家，我给您带血压计过来啦，来来来，我教您用一下，每天要坚持测一测哟。"

奶奶乐得合不拢嘴，连说："好好好，孙子真孝顺，还带了一个朋友来看我！"

只见都教授帮奶奶戴上血压计的臂套，然后按了一下开始键，血压计就"嗡嗡嗡"地开始测量了，显示屏上的数字不断地往上蹦，一会儿又慢慢回落下来。肖洒平时见多了各种各样的血压计，心想，这个血压计也没什么特别的啊，都教授拿这个血压计出来到底有什么用呢？

没过一会儿，奶奶就测完了血压，都教授的手机响了一下，只见他拿出手机，打开了一个 App，上面竟然显示了奶奶刚测的血压和心率等数据。不一会儿，家里的电话响了，奶奶走过去拿起电话，原来是一个医生打过来的。医生告诉奶奶，现在有点轻度高血压，并仔细询问了奶奶身体有没有不舒服，平时做菜是不是盐放得比较多，每天有没有运动等，最后在饮食和运动上给出了细致的建议。当然，如果奶奶平时有疑问，也可以随时打电话向专家咨询。

肖洒看着眼前的一幕，心中忍不住暗暗叫好。一来平时奶奶的血压是多少，自己以前根本就不知道，现在却可以随时了解；二来奶奶测完血压以后，还有专业的建议和辅导，让他放心不少。可是他又有点疑惑，这血压计上的数据是怎么"跑"到手机上的，而且电话那头的医生又是怎么知道的呢？

都教授仿佛知道肖洒的困惑，还没等他发问，就主动拿起了血压计，背面向上，发现有一个小小的盖子。都教授轻轻地用手一推，打开之后里面竟然是一张 SIM 卡！肖洒立刻明白了：原来每次量完血压之后，数据就会通过这张小小的 SIM 卡上传到云端，这样亲友的 App 就会接收到数据，同时后台的医生也会实时接收到这个数据，并对奶奶的测量结果做出解读和建议。

这两年听了太多关于"云"的概念，肖洒总觉得那个东西太虚，听得云里雾里的。而这一次，他实实在在地感受到了"云"的真正价值和意义所在：其实对于老百姓来说，根本不用知道"云"是什么东西，只需要很自然而然地享受云服务带来的便利就可以了。

过了一会儿，奶奶放下电话回来了。肖洒又与奶奶聊了一会儿家常，嘱咐奶奶一定要注意身体，然后就离开了院子，开车回市区了。

其实对于老百姓来说，根本不用知道"云"是什么东西，他只需要很自然而然地享受云服务带来的便利就可以了。

一路上，肖洒本来还想继续跟都教授请教很多问题，结果都教授笑而不语，让肖洒专心开车。有很多事情，急是急不来的；也有很多事情，即便现在告诉你答案，你也未必能够完全理解，更不要说去执行了。所以，都教授告诉肖洒，他只会在最恰当的时候出现，平时如果找不到他，那只能说明时机还不成熟，请肖洒再等一等。人只有经历过一些事情，尤其是挫折之后，才能够真正地成长并理解很多话背后真正的道理。

能够救命的血压计

回到办公室，肖洒处理了一下公司的日常事务，开了一下午的经营分析会，然后又跟从德国过来的合作伙伴的 CEO 吃了晚饭，不知不觉就到了晚上 9 点钟。送走客人之后，他又继续回到公司加班。

突然，肖洒的手机上出现了一条消息，提醒他奶奶的血压有风险，高压已经达到 180mmHg，需要立刻去医院就医。肖洒赶紧戴上百歌眼镜，耳边响起"呜哇呜哇"的救护车声音，只见一辆奔驰的救护车闪着警灯，正沿着高速公路极速驶往老宅。不一会儿，救护车就开到了奶奶家门口，只见医护人员熟练地带着急救箱和担架跳下救护车，敲开奶奶家的门。

开门的是叔叔，他先是一愣，然后又朝着救护人员摆摆手，说："我们没有叫救护车啊，你们走错门了吧？"

救护人员打开手机，确认了奶奶的名字和地址，说："没错，就是这里！你们家老人刚才血压已经到了180，我们刚才打电话没有人接。这种情况很危险，由于你们购买的是白金 VIP 服务，所以我们会有救护车主动上门。"

叔叔这才想起来，刚才在房间里洗澡的时候，客厅的电话响了好几次，他本想让婶婶接听一下，结果婶婶去隔壁家送东西还没回来。他赶紧带着救护人员去奶奶房间，结果发现奶奶刚刚测完血压，正躺在床上，用微弱的声音很痛苦地喊着叔叔的名字。

救护人员很专业地给奶奶含了两粒小药片，做了一下简单处理后，把奶奶轻轻地抬上担架，救护车呼啸着直奔急救中心而去。

到了急救中心，医生们已经提前准备好，做了一些检查以后，决定立刻动手术。经过紧张的抢救，奶奶终于脱离了危险，但是半边脸还是瘫着的，说话也含含糊糊，很难听清楚。

叔叔看到医生出来，急切地向医生打听情况。主治医生刚才也是惊出一身冷汗，这时才稍微松了一口气，对叔叔说："你母亲得的是脑梗，幸好你们来得及时，现在已经脱离危险；如果老人家再晚来两三个小时，可能连命都没了！"

叔叔的脸瞬间就白了，有一种死里逃生的感觉，他紧紧地握着医生的手，连忙说："谢谢！谢谢！谢谢！你们真是我妈的救命恩人啊！"

医生谦虚地说："你们最应该感谢的不是我，而是及时通知你们来医院的人。对了，据说你母亲是用了一个什么血压计，量完以后数据就传到'云'上了，正是那家公司的医生打电话派救护车把老人家送过来的。"

"啊？什么？血压计！"叔叔这才反应过来，怪不得半夜竟然有救护车主动上门，原来是那个神奇的血压计，"我一定要好好感谢他们，是他们救了我妈一命！"

神奇的血压计救了奶奶一命！肖洒深深地被震撼了。他的公司每年生产无数台血压计，可他从来没有听说过血压计能救人的。他们每年都会有上百项专利，反复研究血压计的外观、尺寸、测量精度、舒适性等，血压计因此越做越漂亮，操作起来也越来越方便，就产品本身的功能而言，似乎已经做到了极致。可是，天哪，他们从来没有想过，用户购买血压计到底是为了什么。

就产品本身的功能而言，似乎已经做到了极致。可是，天哪，他们从来没想过，用户购买血压计到底是为了什么。

第 3 章　消费者购买的到底是什么

消费者最终要的是什么

过去，肖洒一直很自然而然地认为，用户买血压计不就是为了量血压吗？所以，对产品的研发和改进全部集中在如何把血压测得更准、使用更方便、外观更漂亮等方向上。

可是今天发生在奶奶身上的事情，让肖洒对血压计的价值有了全新的思考。消费者使用血压计，到底是为了什么呢？大部分人是为了看看自己的血压是否正常，如果高了，那么就可能需要吃药，或者去医院。换言之，消费者之所以购买血压计，第一步是为了量血压，第二步是为了采取行动，第三步是为了让自己变得更健康。当然，送礼的情形可能会多一步，即为了表达心意，后面都是类似的。所以，消费者购买血压计的真正目的，是让自己或周围的人变得

消费者购买血压计的真正目的，是让自己或周围的人变得更健康！

更健康！

肖洒突然有一种顿悟的感觉，以至于这种感觉到来的时候，他有点头晕目眩，感觉恍惚、不太真实。他像一个寻宝的人，在历经千辛万苦之后，突然间找到了一把开启困局大门的钥匙，打开之后，峰回路转，豁然开朗，仿佛进入一个世外桃源。过去，他们与对手的竞争一直停留在产品层面，所以拼到最后难免陷入"价格战"的困境。

就在肖洒还陶醉在顿悟中时，都教授不知什么时候走进了办公室，轻轻地坐在了肖洒的对面。看到都教授，肖洒不好意思地笑了笑，感激地说："谢谢你，都教授！你让我终于找到了努力的方向！"

"可是，你真的知道怎么做吗？"都教授笑眯眯地问道。

"知道啊，我要做一台智能血压计出来，把数据传到'云'上，这样后台的医生可以随时为消费者提供服务！"

"呵呵，肖洒同志，恭喜你，你终于入门了！你的悟性很好，大多数人，只想着做出一台智能血压计，然后像卖普通血压计一样去卖智能血压计。记住，你真正要卖的是服务，能够抓住用户核心痛点的服务，无论是自己提供还是由专业的第三方来提供。努力吧，后面还有更多惊喜等着你呢!"说完这句话,只见一道白光闪过,都教授瞬间消失在茫茫的夜空中。

传统产品开发的误区

说干就干,肖洒仿佛一下子找到了创业的感觉。他让秘书立刻打电话通知各个部门的负责人,半夜三更召集大家来公司开会。记得以前爸爸创业的时候,经常这么干,那时肖洒觉得太不人性了,所以自从他上任以后,从来没有半夜三更召集大家开会,甚至平时连加班都不是很多。可是,在公司面临生死存亡的关键时刻,这却变成一种非常自然而然的举动。

这段时间以来,整个公司的士气非常低落,骨干也走了好几个,倒不是去了竞争对手那里,而是永远地逃离了这个行业。大家平时无所事事,也不是真的没事可做,而是实在找不到方向,不知道做什么好。所以当听说老板有重大事情要宣布的时候,每个人都立刻从四面八方火速赶到公司。

30 分钟后，所有人都到齐了。这就是小城的好处，绝大多数人从家里到公司的时间都不会超过 30 分钟，而且公司几乎给每个高管都买了一套别墅，这个别墅区离公司很近。

肖洒环顾所有人，然后把奶奶的故事完完整整地讲了一遍。当然，为了照顾有些人理解不了虚拟现实，他便说做了一个梦，梦见奶奶是这样被救的。他还详细地描述了"梦"里面智能血压计的样子，技术总监听了以后说，这个太"小儿科"了，一年前他就开发出了样品，只是当时叫"能打电话的血压计"，结果被大家一直当成笑话私下流传。

肖洒很严肃地对大家说："这就是我们过去所犯的错误。我们总是在'堆砌'功能，以为功能越多越好，而不去认真思考消费者真正的需求。大家看看我们现在最高端的那款血压计，上面光按键就有 10 个，还有一块触摸屏，里面设有各种各样的程序，可是普通老百姓真正能用到的功能又有几个呢？前两天我送了一台给市里退休的老领导，结果他研究了半天都不会用，最后只能打电话问我怎么才能量血压。你们说，这样的产品怎么可能有竞争力？而事实上，我们的技术研发力量薄弱吗？当然不是，很多技术我们其实早就开发出来了，但是即使是同样的技术，比如说远程无线通信技术，在不同的使用场景下也会带来截然不同的结果。"

大家面面相觑，但很快就有人站出来反驳，原来是销售总监："肖总，如果我们不推出带有新功能的产品，竞争对手就会推出来，这样他们在市场上就会比我们更有卖点，我们的产品就不好卖了！"

"你觉得有多少消费者是主动购买的，还是被我们的促销员忽悠了购买的？"

"这……"销售总监的脸"唰"地就红了。

回归消费者的核心痛点

事实上，东方血压计在销售上曾经经历了三个阶段。第一个阶段叫"品牌为王"，说白了就是请明星，做广告。在公司创业的最初几年，东方公司曾经把

很多技术我们其实早就开发出来了，但是即使是同样的技术，比如说远程无线通信技术，在不同的使用场景下也会带来截然不同的结果。

收入的 50% 用于做广告，连续三年成为央央电视台广告的"标王"，请过的代言人包括程龙大哥、李心如、赵冰冰等。

后来发现消费者对广告越来越不"感冒"，投入的钱对销售的拉动效果越来越差，东方公司又进入第二个阶段，叫"渠道为王"。他们把大量的资源用于扶持代理商、扩展新的药店和专卖店，效果立竿见影，随着渠道覆盖面的拓宽，销量也节节攀升。可惜好景不长，这些代理商把终端开拓完以后，除了送货收钱之外，平时根本就不管不问，结果货品被大量积压在渠道上，很多药店一年连一台血压计都卖不出去。

于是，东方公司的销售进入了第三个阶段——"终端为王"。他们放弃了"销售公司—省级代理—地市级代理—县级代理"的架构，划小代理片区，只设"县级代理"一个层级，同时砍掉了大量贡献率很小的终端，并且在每个终端店都配备自己的促销人员，由总部直接发工资。如此一来，尽管终端数量大幅度减少，但是销量却比以前大幅度上升。很多原先买其他品牌血压计的顾客都买了他们的产品；有的顾客原先只打算买 200 多块钱的血压计，最后在促销员的游说下掏出 500 多块钱买了功能更强的型号。所以，东方公司一度在全国有一支 1 万人的"地面铁军",这是他们曾经最引以为豪的资本。

可是后来问题来了,竞争对手也发现了"终端拦截"这招很管用,便依葫芦画瓢,同样派出促销人员,跟他们在同样的终端店"短兵相接",一下子分流了好多生意。由于很多店面每天的销售额根本不足以养活一个促销员,东方公司又不得不拿出相当一部分资金,用于补贴促销员的工资,结果公司每年在这上面就要投进去上亿元的费用。而且现在这件事令人骑虎难下,一旦自己撤掉促销员而竞争对手继续保留,销量就可能会下滑得很厉害,这会让他们吃尽苦头。

所以,肖酒的一句话问到了销售总监的痛处。的确,现在消费者购买血压计,大部分靠的是促销员的三寸不烂之舌,说得更夸张一点,哪怕是垃圾都能被"吹成"黄金卖出去。可是这样的后果呢?消费者也不是傻瓜,上一次当可以,上两次当或许也可以,但总不会一直上当吧?所谓"人傻、钱多、快来"的黄金时代,正在一去不复返。

"所以,我们一定要回归到用户的本质需求上去,而不是制造出各种很酷很炫的概念和功能。牢牢抓住消费者的核心痛点,并且把这一点做到极致,我相信竞争对手就很难超我们一定要回归到用户的本质需求上去，而不是制造出各种很酷很炫的概念和功能。牢牢抓住消费者的核心痛点，并且把这一点做到极致，我相信竞争对手就很难超越我们，老百姓也会为我们投票！

越我们，老百姓也会为我们投票！"肖洒的目光坚毅，字字铿锵，他想起了都教授之前意味深长的提醒——"能够抓住用户核心痛点的服务"，心中充满了自信。

不知不觉，天已经变亮了，大家发现窗外的太阳正在冉冉升起，火红的太阳又大又圆，红红的朝霞映照在每个人的脸上，让大家的心中都充满了希望。这一个不眠之夜，注定是不平凡的一夜，它将永远载入东方公司的历史。

第 4 章　传统思维的困局

好产品为什么也会惨败

很快，大家就达成了共识：要在三个月之内，开发出肖洒提出的"控压服务包"。这个"控压服务包"包括三个部分：

第一，智能血压计，用于实时动态监测消费者的血压。

第二，云服务和App，让消费者和家人可以随时了解血压的变化趋势。

第三，后台医生服务，用于实时为用户提供血压控制的咨询和建议，以及更高级一点的救护车等服务。

时间过得飞快，三个月的时间很快就过去了，功夫不负有心人，在经历了各种技术攻关之后，智能血压计、App和后台医生服务终于准备就绪，达到了上线标准。于是，东方公司组织了一个隆重的产品发布会，邀请了老顾客、经

这个"控压服务包"包括三个部分：

第一，智能血压计，用于实时动态监测消费者的血压。

第二，云服务和App，让消费者和家人可以随时了解血压的变化趋势。

第三，后台医生服务，用于实时为用户提供血压控制的咨询和建议，以及更高级一点的救护车等服务。

销商、媒体等各界人士，宣布"东方血压管家"正式上线。

似乎是为了庆祝新产品上市，股市也给足了面子：东方公司的股票当天快速涨停；第二天，开盘就一字形涨停；第三天，继续开盘就巨量封住涨停。短短三天时间，公司的市值就增加了10多亿元。肖洒抑制不住心中的喜悦和兴奋，但又有点担忧：喜的是，公司的转型得到了资本市场的认可，整个团队在这三个月几乎天天加班加点，这些辛苦终于没有白费；忧的是，目前服务包刚刚研发出来，还没有经过市场验证，股价就这样快速做出反应，以后能不能站稳还不好说，万一又跌回原点，岂不是无法向投资者交代？

市场是残酷的。很快，肖洒就收到了前方的最新战报。通常来说，作为一个新产品，销售部门会选定一个地方进行试点，首批1000套全部放在首都的100多个大药房进行试销，定价是999元/套。这个定价的依据是：血压计成本300元，加上300元的利润和渠道费用；服务费成本200元，加上200元的利润和渠道费用。结果上市三天一共才卖出50个控压服务包，还不及自家普通血压计销量的1/10，大大低于原先的预期。看来指望借助这个服务包实现"咸鱼翻身"，简直比登天还难。

其实，消费者对于这个服务包的理念，还是相当认可的。之所以卖不出去，原因归结起来主要有两点：第一，价格太高了，其他血压计才 400 元左右，你凭什么卖 999 元？第二，背后的服务看不见摸不着，也不知道效果怎么样，觉得有点不值。说白了，消费者还是觉得贵。

传统思维下的两难困境

本来，肖洒是希望借助"控压服务包"与竞争对手拉开差距，凭借自家独特的服务，或者叫"切中用户核心痛点"的服务，形成差异化竞争，避免与竞争对手打"价格战"，从而获得更高的利润。结果呢，消费者根本就不买账！

那么，消费者认为合理的价格到底是多少？营销部门经过市场调研后发现，大家普遍能接受的价格是 400 元左右。如果"控压服务包"真的能够定在这个价位的话，凭借其独特的功能和服务，将会横扫这个价位区间的血压计市场。

可是，400 元的价格对于东方公司来说，意味着刚够血压计的硬件和服务成本，代理商将一分钱都不赚，公司也一分钱不赚。这样的价格是绝对不可能做到的。一旦做了，那是找死；但是如果不做，那是等死。怎么办？怎么办？

肖洒的头都大了，他现在陷入了一个两难境地，做也不是，不做也不是。所有人都在等他来做一个决定，谁让他是老板呢。可是，在目前的情况下，肖洒根本就不敢做这个决定。上马"东方血压管家"项目的时候，他自以为找到了用户的核心痛点，可是在价格面前，消费者还是放弃了。因为这是一个全新的市场，作为一个先行者，"用户教育"的重担就全部落在了自己的身上。谁都知道，为用户教育付出的成本足以毁掉最初的好几家公司，更何况是像东方公司这样"快瘦死的骆驼"。

一不小心，自己就有可能变成"先烈"。肖洒这时才意识到问题的根源，不是都教授的"核心痛点"理论错了，而

他现在陷入了一个两难境地，做也不是，不做也不是。

上马"东方血压管家"项目的时候，他自以为找到了用户的核心痛点，可是在价格面前，消费者还是放弃了。

是自己忽略了在现实销售过程中的前提条件。这时，他是多么期待都教授出现，帮他指点迷津，找到突围的办法啊。"都教授！都教授！你在哪里？你能出来帮帮我吗？"肖洒一个人走进了自己的办公室，忍不住从心底轻轻地呼唤着都教授。

寻求突围的方法

"哈哈哈哈！"伴随着爽朗的笑声，都教授正在窗外"凌空散步"，仿佛心有灵犀一般，听到肖洒的呼唤就迈着轻盈的步伐"走"进了办公室。"肖洒同志，你做得不错，你们团队的执行力也非常强，我果然是没有看走眼啊！"

"可是，都教授，我现在服务包是开发出来了，可成本却怎么也降不下来，东西实在是卖不出去啊！我总不至于做亏本的买卖吧，这样公司以后还怎么发展啊？"肖洒焦急地说。

"呵呵，你说得对，但也不对。按照传统的做法，你是对的；但是按照互联网的做法，你是不对的。"

"教授，您能否明示？传统的做法我还了解一点，但互联网的做法就真的不懂了。我最近也看了好多关于互联网思维的文章，什么'极致、简单、快'之类的，你看我现在产品和服务都做到极致了，消费者的痛点也抓得非常准，大家都觉得挺好；用户体验上也做得非常简单，连老头老太太都会用；开发也只花了短短三个月时间，这比我们以前的开发周期整整缩短了80%！可是，我发现这东西一投放到市场上，根本就不是那么回事啊！"

"你说得很对！对于很多人来说，大家只是学到了一丁点互联网的皮毛，就自以为领会了互联网的精髓。真正精华的东西，你是花几千万甚至上亿元都买不到的。而你一旦掌握这把开启未来宝藏大门的钥匙，无论是你个人的财富，还是公司股东的财富，都会上升一个数量级。"

听到这里，肖洒悄悄地做了一项决

定："都教授，如果您愿意把这把钥匙交给我，那么我愿意把我个人新增的一半财富分给您！"

"呵呵，谢谢你的好意，肖洒同志！我们的共同基金已经持有了你们公司 20% 的股份，我想这个对于我们来说已经足够了。你还是把更多的财富分给跟你并肩作战的团队，以及曾经帮助过你的人吧！"

第 5 章

互联网模式的精髓（一）：
用户

一字亿金

是啊，有了好的战略，优秀的执行团队才是根本。肖洒感激地望了都教授一眼，只见他目光深邃，几乎能够一眼看穿自己思考的所有东西。他是如此充满智慧，看透世间沧桑，阅尽凡人无数，人类过去的历史、经验、教训仿佛都在他的脑中，并且被不断地总结、提炼、优化、升华，同时借助强大的大数据分析和快速处理能力，对于未来的预测也变得越来越精准。这才是真正的大智慧啊！

"肖洒同志，之前我跟你讲了'核心痛点'这个概念，现在我再告诉你两个词，一个叫'用户'，一个叫'羊毛出在猪身上'，这两个词每个字都价值上亿美元，正是互联网模式的核心精髓，你好好领悟一下吧。"说完，都教授又迈着轻

> 一个叫"用户"，一个叫"羊毛出在猪身上"，这两个词每个字都价值上亿美元，正是互联网模式的核心精髓。

盈的脚步慢慢走向窗边，然后整个身子穿过窗户，渐渐消失在蓝天白云之中。

这时，肖洒的手机响了，原来是太太张薇打来的电话，提醒他今天晚上要跟美国回来的同学一起吃饭。肖洒看了一下手表，发现时间已经不早了，于是赶紧收拾了一下，开车前往市中心的香巴拉饭店。

老同学好几年没见，今天能够相聚在一起彼此都非常高兴，四个人喝了三瓶红酒，再加一瓶三十年的茅台陈酿。肖洒把红酒和白酒两种酒混在一起喝，结果酒劲上来得很快，散场的时候已经连话都说不清了。张薇比他好一点，只喝了几杯红酒，意识还是很清醒的，就是两条腿有点不听使唤。

显然，他俩都没法开车回去了。本来想叫司机过来，但张薇想想时间有点晚，就别折腾司机了，还是打车回去吧。于是，她从 LV 包包里掏出手机，点开了一个软件，叫"哒哒打车"，对着里面喊了一句话："我要从香巴拉饭店到美林花园别墅。"不一会儿，就听见手机里传来"哒哒"两声，告诉他们已经有出租车司机即将过来接他们，并且显示这辆车距离他们只有 1 公里。

5 分钟后通过手机叫来的出租车司机就到了，肖洒和张薇上了车，不到 15 分钟，他们就回到家了。肖洒正要掏出一张百元大钞给司机，没想到司机不要现金，问能不能用手机支付，并告诉他们，如果用手机支付的话，乘客可以减免 20 元车费，而他也能得到额外的 20 元补贴。

什么？肖洒简直不敢相信自己的耳朵。他难得打一次车，结果发现打车费只要付 1 元。更夸张的是，竟然有人愿意为他这次打车付出 40 元的代价！真是怪事年年有，今年特别多啊！土豪，这才是真正的土豪啊！不过，这个"土豪"到底是谁呢？他为什么要这么做？

打车大战和尚雅体脂秤

回到家，肖洒去洗手间吐了一次，然后又冲了个热水澡，感觉清醒了许多。他一个人来到书房，在百歌上搜索"哒哒打车"这家公司。不看不知道，一看吓一跳，这家公司果然大有来头：他们原来只是一个做打车软件的普通创业团队，后来被国内的互联网巨头阿鹅投资了，他们宣布拿出 10 亿元来补贴用户和司机。后来又冒出另一家叫"速的打车"的公司，被国内另一家互联网巨头阿猫给投资了，他们也同样宣布拿出 10 亿元来补贴用户和司机。

于是，哒哒打车和速的打车开始了一场规模浩大的"军备竞赛"，你补贴用户 5 元，我就补贴 6 元；你补贴 7 元，我就补贴 10 元；你补贴 12 元，我就一口气补贴 15 元。结果很多用户天天享受免费打车的待遇，时不时地还在朋友圈里炫耀一下。各大网站、报纸和电视台开始关注这场大战，很多自媒体人和评论家也纷纷发表评论，对这种行为表示了极大的关注，有褒扬，有质疑，大家讨论得好不热闹。

到了春节，这场"烧钱大战"达到顶峰，双方的"口水战"也创造了历史纪录，后面伴随着真金白银的巨额投入，直接把补贴标准提高到每单 20 元。结果绝大部分人打车都不用钱了，但还是要象征性地通过手机支付 1 分钱。

肖洒看完各种报道，不由自主地摇了摇头，轻声地叹息："疯了！疯了！真的疯了！不知道阿鹅和阿猫是怎么想的，这投下去的 20 亿猴年马月才能赚回来啊？"

带着满腹的疑惑，肖洒闷闷地回房睡觉了。他实在是看不明白，为什么现在的人都这么疯狂。他甚至很担心，如果有人在他这个行业也这么疯狂的话，估计就会像 20 世纪 90

年代末的"彩电大战"一样，全行业很快陷入重度亏损，最后所有人都活不了。历史已经不断地证明，"价格战"从来都是一把双刃剑，杀敌一千，自伤八百。所以，这些年来，尽管行业内战事不断，但大家一直都是心照不宣地打"局部战争"，真正伤筋动骨的大战还从来没爆发过。血压计行业虽然竞争激烈，但日子还勉强过得去，至少大家是有基本利润的。

第二天是周六，肖洒美美地睡了一个懒觉，昨晚的酒劲彻底醒了。这三个月来，他几乎没有好好休息过，包括春节期间，除了大年初一全公司放假，其他时间大家都是在加班加点，赶进度，做开发。正在穿衣服之际，肖洒突然听到楼下院子外有人按门铃的声音，保姆"咚咚咚"地跑出去开门，原来是快递到了。

快递送来了一个大大的包裹，太太张薇拆开一看，原来是昨天在网上买的一款秤，这款秤除了能称体重之外，更神奇的是它还能测出你身上有多少肥肉、多少肌肉，甚至多少水分。当然，这样一款功能强大的体重秤，更准确地说，叫"尚雅体脂秤"，售价自然不菲，原价 699 元，平时促销也要399 元，价钱足足是普通秤的三四倍，用"秤里面的劳斯莱斯"来形容应该也不算过分。但是，他们突然继续大幅度降价，号称要拿出 1 亿元回馈消费者，每台只要 299 元，但每人限购一台。

拆开精美的包装，张薇按照说明书，拿出 iPhone 手机，对着二维码扫了一下，很快就下载了一个 App。打开 App 后，又一步一步按照使用向导，顺利完成了注册，并填好了自己的身高、性别、出生日期、手机号等信息。她往体脂秤上一站，App 上很快便蹦出了体重、脂肪率、肌肉率、水分率等各种数据：体重 45 公斤，脂肪率 10%，各项指标都处在非常完美的区间，提醒她继续保持身材。

其实，张薇的这台体脂秤主要是给肖洒买的。因为肖洒自从结婚以后，腰上不知什么时候多了一个大大的"游泳圈"，体重也从原先的 130 斤一路飙升到 170 斤。张薇是在朋友圈里面看到一个好朋友晒出了自己的减肥曲线，在一个月里面就足足减了 10 斤，尤其是脂肪率一路下降，非常有成就感。她就问对方是怎么做到的，那个朋友告诉她就是用了这款体脂秤。更神奇的是，他们的后台竟然还有私人教练进行减肥指导，告诉你每天要运动多久，做哪些运动比较适合，以及每天该吃哪些东西、营养搭配怎样等。人总是有惰性的，尤其是像减肥这样痛苦的事情，但是如果有一个专业人士在后面辅导并督促你，慢慢地也就坚持下来了。

趁着肖洒这个"大肥猪"还没起床，张薇在自己的账号里面又添加了一个子账号，把肖洒的基本信息输了进去，这样系统就能自动计算出很多参数，后台减肥专家也能更有针对性地给出辅导和建议。

不一会儿，肖洒就沿着楼梯慢慢地下楼了，看起来精神不错。张薇立刻把他叫上前来，让他光着脚站在体脂秤上测一下。很快，手机上就显示出了肖洒的体重85公斤，脂肪率26%，都属于超标范围。接着，App自动弹出一个对话框，请肖洒输入减肥的目标和时间。张薇帮助肖洒输完之后，过了几分钟，就接到了后台专家的电话，问了一些更详细的情况。随后，手机上收到了针对肖洒的个性化运动建议、饮食建议和心理建议，并且量化到了每一天。

在张薇的"威逼利诱"和后台专家的专业指导下，肖洒开始了他的减肥之旅。效果果然很明显，第一周就减下了3斤，脂肪率下降了1个百分点。看着手机上的曲线一路向下，肖洒也开始养成了每天称体重和测脂肪的习惯，这种正反馈让他感觉很舒服。

为什么严重亏损的企业还这么值钱

有一天，肖洒不经意间看到两则新闻，一是哒哒打车宣布完成2亿美元的C轮融资，公司估值高达10亿美元；二是尚雅体脂秤宣布完成2000万美元的B轮融资，公司估值为1亿美元。这两家企业的产品和服务，不正是自己平时使用的吗？让肖洒想不明白的是，这两家企业肯定是亏损的，而且是"严重亏损"，怎么还值这么多钱呢？

正在疑惑的时候，都教授不知什么时候又坐在了自己的对面，肖洒赶紧把自己憋了一肚子的问题向都教授请教。都教授笑着问肖洒："你还记得我跟你说的互联网精髓中最值钱的那两个词吗？"

肖洒想了想，说："记得啊，一个叫'用户'，一个叫'羊毛出在猪身上'。"

"可是，你知道什么叫'用户'吗？"

"这还不简单，消费者买了我的产品，不就成了我的用户了吗？"

"哈哈，你果然没有理解'用户'的概念。所以，你即使找到了这把钥匙，也仍然打不开财富大门的那把锁。"都教授轻轻地摇了摇头，叹了一口气。

肖洒更困惑了，中国文字真是博大精深啊，明明每个字都认识，却死活不知道它背后的含义。他苦笑了一下："都教授，听您这么一说，这下我还真不知道，请您指点！"

都教授拿出一支笔，在一张白纸的中央画了一个圆圈，然后又在周围画了几个三角形和一个正方形，抬起头对肖洒说："我跟你举个例子，你就明白了。这中间的圆圈代表着你，三角形代表几位直接向你汇报的副总，正方形代表你的司机或者秘书。你知道大家为什么都要跟你的司机或者秘书搞好关系吗？"

肖洒纳闷地看了都教授一眼，不知道他的葫芦里卖什么药："知道啊，因为他们是我身边的人，有什么事能直接跟我说啊！"

"你说对了！本来司机或秘书的职位并不高，但是因为他们拥有跟领导直接沟通的机会，所以他们的身份和地位就立刻和别人不一样了！"

"明白了！您的意思是说，我们要想跟别人不一样，就一定要获得跟消费者沟通的机会！"

"是的，你只有拥有跟消费者沟通的权力，消费者才能变你只有拥有跟消费者沟通的权力,消费者才能变成"用户"。所以,在传统产业里,买你东西的人只能叫"消费者";而在互联网里,一定要跟消费者建立持续的沟通关系,把他们变成"用户"。

成'用户'。所以,在传统产业里,买你东西的人只能叫'消费者';而在互联网里,一定要跟消费者建立持续的沟通关系,把他们变成'用户'。你看到尚雅体脂秤跟普通秤的区别了吗?对于普通秤而言,卖给消费者之后,厂家和消费者之间就彻底没关系了,除非人家秤坏了找你来维修或者投诉;而对于尚雅体脂秤而言,消费者购买了之后,厂家跟他的沟通才刚刚开始,你是需要输入手机号进行注册的,这样你的所有使用行为都会保存在云端,后台也能根据你的特点随时为你提供最适合的服务,比如你一直在享受的减肥辅导服务。这个过程就是厂家跟用户不断沟通的过程,中间不需要任何人来传话,非常流畅。"

"嗯,我明白了,原来能持续沟通的消费者才叫用户!但是,我即使知道了用户的真正含义,可还是不知道怎么打开你说的那扇门啊!"

"呵呵，你再想想你刚才看到的新闻。哒哒打车能估值 10 亿美元，是因为他们有 1 亿个用户，每个用户价值 10 美元，所以表面上他们'烧'了 10 亿元人民币，实际上股东还赚了 50 亿元；尚雅体脂秤能估值 1 亿美元，是因为他们拥有 5 万个用户，每个用户价值 2000 美元，所以他们即使卖一台秤亏 100 元，股东价值还是大大增加的。"

"什么？尚雅体脂秤的每个用户价值 2000 美元？"

"你觉得你自己不值 2000 美元吗？"

"这……可是我除了买了他们一台体脂秤之外，一分钱都没有花啊，哪来的 2000 美元？"

"没关系，你先自己消化一下，过一段时间我们再来聊这个话题！"说完，都教授又踱着悠闲的脚步，慢慢地"走"到窗外，消失在蓝天白云之中。

哒哒打车能估值 10 亿美元，是因为他们有 1 亿个用户，每个用户价值 10 美元，所以表面上他们"烧"了 10 亿元人民币，实际上股东还赚了 50 亿元；尚雅体脂秤能估值 1 亿美元，是因为他们拥有 5 万个用户，每个用户价值 2000 美元，所以他们即使卖一台秤亏 100 元，股东价值还是大大增加的。

第 6 章

互联网模式的精髓（二）：
羊毛出在猪身上

免费的业务为什么能赚钱

这时候，肖洒的电脑上突然弹出一个小框，提醒他已经一个月没有杀毒了，询问是否立刻杀毒？肖洒随手点了一个"是"，结果杀毒软件在后台开始快速工作起来。他突然想起来，自从前几年一个名字叫720的公司推出一款免费杀毒软件之后，自己已经好多年没有花钱买杀毒软件了，而且全公司上下再也没有在这上面花过一分钱。听说这家公司的小日子过得还非常不错，不但没有倒闭，反而还在米国上市了。

肖洒很好奇，这家完全免费的公司到底是靠什么做上市的。要知道，以前买一套正版的杀毒软件可是每年都要付两三百块大洋啊！他打开百歌的网站，输入"720公司"，立刻出来一大堆结果，其中有几条是关于720公司上市报道的。

肖洒点开其中一个链接，里面详细介绍了720公司的商业模式：720公司去年的收入已经突破了10亿美元，净利润率高达30%，远超一般的企业；其中，95%的收入来自网址导航和搜索广告。

网址导航和搜索广告？720公司不是做免费杀毒的吗？什么时候干起这些事来了？在肖洒的印象中，720公司应该

第一级火箭：先是通过免费的杀毒软件，吸引海量用户，准确地说是几乎80%的互联网用户。

第二级火箭：通过"一键优化"的杀毒模式，让用户不知不觉地装上他们的浏览器，并且设置成默认浏览器。

第三级火箭：当用户打开浏览器的时候，导航页面就自动出现了，尤其是对于绝大多数小白用户来说，导航页面中非常清晰、分门别类地放了很多网站，想去哪就去哪，非常方便；当用户在搜东西的时候，默认就是720搜索，自然而然出现的也是720公司的关键词广告。

是靠收"保护费"过日子才对，因为他听说有些软件为了避免被720杀毒软件"误报"为病毒，每年都得花钱去打点，否则一旦报为病毒就很容易被小白用户给卸载掉。

但反过来一想，保护费这种生意，毕竟干不长久，更不可能在资本市场上市。肖洒继续往下看，发现720公司独创了所谓的"三级火箭"模式：

第一级火箭：先是通过免费的杀毒软件，吸引海量用户，准确地说是几乎80%的互联网用户。

第二级火箭：通过"一键优化"的杀毒模式，让用户不知不觉地装上他们的浏览器，并且设置成默认浏览器。

第三级火箭：当用户打开浏览器的时候，导航页面就自动出现了，尤其是对于绝大多数小白用户来说，导航页面中非常清晰、分门别类地放了很多网站，想去哪就去哪，非常方便；当用户在搜东西的时候，默认就是720搜索，自然而然出现的也是720公司的关键词广告。

看到这里，肖洒恍然大悟：原来人家赚钱的秘密在这里！别小看那个再简单不过的导航页面，如果你的网站想要出现在首页，一个月还得交好几十万大洋呢！由于720浏览器的用户量极其大，所以即使比别人贵很多，很多网站仍然趋之若鹜。

后来，有人幽默地给这种商业模式编了一个非常形象的词，叫作"羊毛出在猪身上"。第一次看到这个词的时候，肖洒忍不住笑了半天，拍手叫绝。看完720公司的盈利模式，他觉得这个公司真是大智若愚，这种天才般的设计绝非普通人能够想出来的。

羊毛出在猪身上

顺着"羊毛出在猪身上"这个词，他又搜了一下，发现国内最牛的三家互联网公司——百歌、阿猫和阿鹅，竟然全是这个商业模式。

百歌是做搜索的，一年投入上百亿用于研发，用户想搜啥就搜啥，可从来就没听说过要交一分钱的"搜索费"。原来，他们是通过搜索结果中的广告来赚钱的，这些广告主每年投入几百亿的费用，这支撑着百歌公司源源不断的技术投入和产品发展。

阿猫是做电商的，免费为商家提供网上开店服务。曾经有家国外巨头进来，结果没过几天就灰溜溜地打道回府了，原因是广大商家在他们那儿开店要交"开店费"，阿猫却坚持免费。商家当然不傻，便纷纷转向阿猫平台。后来，由于开店的人实在太多，不打广告很难有人知道，所以阿猫把这个平台培育起来以后，每年也有几百亿的广告费主动进到自己的口袋里。

阿鹅是做社交的，以前手机上发条短信要收一毛钱，可老百姓通过他们的软件发消息全部免费，所以现在东方公司跟客户沟通时，已经很少打电话了，主要是通过阿鹅的即时通信软件，不但可以发消息，而且还可以传文件，真是既方便又省钱。可是，他们通过什么赚钱呢？很多人可能打破脑袋也想不出来，竟然是游戏！在他们几亿的用户中，尽管只有一小部分人转化成了他们的游戏用户，但一年的收入却高达好几百亿。

看完这些，肖洒终于理解了"羊毛出在猪身上"的真正含义。对于用户而言，所有的服务都是免费的；而对于企业而言，一定要找到能够愿意为之埋单的客户，换言之，正是这些用户对于这些客户存在着某种独特的价值，从而让他们心甘情愿地为之埋单。

可是，愿意为东方血压计埋单的那头"猪"在哪里呢？除了消费者之外，肖洒实在想不出来。毕竟，血压计跟互联网不太一样，互联网产品作为虚拟产品，随着用户量的急速增加，边际成本几乎为零；可是血压计每送出一台，付出的成本是实打实的，并且边际成本降到一定程度之后，就很难再往下降了。

尽管如此，这仍然是个非常好的问题，同样需要天才般的解决方案，说不定哪天灵光一现被想出来了呢！对了，

对于用户而言，所有的服务都是免费的；而对于企业而言，一定要找到能够愿意为之埋单的客户，换言之，正是这些客户对于这些客户存在着某种独特的价值，从而让他们心甘情愿地为之埋单。

向都教授请教！肖洒小声地呼唤："都教授！都教授！"

如何破解"鱼和熊掌不可兼得"的难题

　　果然，都教授仿佛有心灵感应一样，从窗外悠闲地踱着脚步"走"了进来。

　　肖洒迫不及待地把自己心中的疑惑向都教授请教。都教授笑着反问道："你真的理解了互联网模式的精髓吗？"

　　"嗯，不敢说完全理解吧，但总算有点入门了。第一是要找到'用户'，并且是足够多数量的用户；第二是要想办法找到为用户需求埋单的人，俗称'羊毛出在猪身上'的那头'猪'。"

　　"呵呵，看来这两个概念你是知道了，但你知道如何找到足够多数量的用户吗？又如何找到带你发财致富的那头'猪'吗？"

　　"如何快速找到用户，这个我们做了很多年，还是有点感觉的。就我们传统产品而言，一是产品要好，尤其是要做到你上次说的'切中用户的核心痛点'，二是价格要便宜，最好是要能够击中用户的心理价位，两者加起来俗称'物美价廉'。再加上营销部门投放广告一宣传，当然现在更强调的是通过老百姓自发的口碑宣传，效果还是不错的。"

"看来你领悟得不错，全世界无数的公司，包括沃尔玛、优衣库等，都靠着这样的'良心品质'和'良心价格'获得了巨大的成功。"

"可我们的老祖宗有句古话，叫'鱼和熊掌不可兼得'，我们都知道这个道理，但是要做到这点实在是太难了！尤其是公司一定需要盈利，否则哪来的钱搞发展啊？"

"你说得没错，在过去的环境和经验下，这是成立的。但是在互联网崛起的背景下，你的想法又是错的。"

"什么？"肖洒不敢相信自己听到的话，企业只有赚了钱才能发展，这是千

企业只有赚了钱才能发展，这是千古不变的真理，到了互联网时代竟然错了？

古不变的真理，到了互联网时代竟然错了？

"这不怪你，因为你所处的行业不一样。企业发展过程中所需的资金其实有很多种来源，比如你说的自身盈利是一种，银行贷款是一种，上市募集资金是一种，以及互联网行业非常火的VC（俗称'风险投资'）也是一种。绝大部分互联网企业，比如说阿狗电商，即使早就能够实现盈利，但依然会融很多风险投资的钱，去拼命扩大用户量，以及为用户提供更好的当日送达配送体验，结果核心竞争力大大增强，未来的盈利能力也会远远高于普通企业。"

原来如此！怪不得自己经常看到媒体上报道说，谁谁谁又融了几千万美元，谁谁谁又融了几亿美元，以前自己对他们都嗤之以鼻，觉得缺钱的企业才需要融资，自己的现金流这么好，根本就不需要风险投资，看来是自己太落伍啦。

肖洒突然想起来前两天朋友圈的一个段子，说现在商业模式有三种：to B、to C、to VC。所谓"to B"，就是这个商业模式是面向企业用户的，比如说现在的很多体检公司，其实都是通过面向企业销售体检套餐来获取收入的；所谓"to C"，就是面向个人用户的，比如说很多英语培训公司，都是面向一个个用户获取收入；而所谓"to VC"，这是一种调侃的说法，就是面向 VC 的，通过获得 VC 的投资来获得"收入"，准确地说应该是现金流，从而保证公司能够正常运作和向前发展。

to VC 竟然也堂而皇之地变成了一种商业模式！在传统的产业，要想成为一个市值过 10 亿美元的公司，需要 10 年甚至几十年孜孜不倦的努力，比如说卖空调、卖电视的；在互联网时代，要想达到这个规模，只需要三五年，比如说阿猫、阿狗、720 之类的公司；而在移动互联网时代，竟然只需要一两年，比如说哒哒打车。这种速度上的变化，VC 功不可没。

"在互联网中还有一个法则，叫'只有第一，没有第二'。这跟传统产业是非常不一样的，第一名的价值也会远远高于第二名，这就是为什么'速度'特别重要，不要以为自己还有几年甚至几十

在传统的产业，要想成为一个市值过 10 亿美元的公司，需要 10 年甚至几十年孜孜不倦的努力，比如说卖空调、卖电视的；在互联网时代，要想达到这个规模，只需要三五年，比如说阿猫、阿狗、720 之类的公司；而在移动互联网时代，竟然只需要一两年，比如说哒哒打车。这种速度上的变化，VC 功不可没。

年的时间，可以慢慢去做，那样的话早就被淘汰了。也正因为如此，VC 的价值变得特别重要，他们是这个行业高速发展的推进器。"都教授看到肖洒若有所思的表情，知道他开始渐渐理解互联网里面做事的一些逻辑，尽管这个逻辑对于传统产业的人来说，的确是有点难以理解。

第 7 章　一个艰难的决定：
定价

传统定价的逻辑

"核心痛点、用户、羊毛出在猪身上、只有第一没有第二、VC……"肖洒仔细重复着都教授讲的这些词，试图把它们深深地印在自己的脑子里。

这时，秘书敲门进来提醒肖洒该开周会了。今天，大家要讨论一下前阵子"控压服务包"在销售中遇到的难题。面对原先999元的定价，消费者根本就不买账，因为他们预期的价格连这个的一半都不到，所以这个服务包尽管切中了用户的核心痛点，但增长速度简直是比蜗牛爬还要慢。所以大家首先要做的决定是：到底定价多少才是最合适的？

会上的意见很自然地分为三派：一派是以财务总监为代表的"高价派"，主张定价继续保持在999元，通过加强现场讲解和店面促销的形式，慢慢扩大销量；一派是以销售总监为代表的"低价派"，主张价格一步到位，直接定在399元，杀他个片甲不留，不给竞争对手一点跟进的机会；还有一派是"中间派"，建议定价在699元左右，这样既能保持一定的利润，又能相对快速地获取用户。

对于肖洒来说，这些建议提了也等于没提。谁都知道定价可以分为高中低三档，问题是定价背后真正的战略意图是什么。肖洒问销售总监："如果我们的定价为 399 元，今年预计能卖出多少个控压服务包？"

销售总监飞快地算出一个数字：大约是 50 万个。这个数字是相对于去年的销量估算出来的，去年东方公司 400 元那档的血压计销量大约是 40 万台，如果按照完全替代并且整个行业仍然保持每年 25% 的速度增长的话，这个数字今年就是 50 万个左右。

可是财务总监立马不同意了，他反问销售总监："你有没有算过账？如果这样的话，你知道我们今年要亏损多少钱吗？我们现在一个服务包成本就在 400 元左右，你还得给代理商 30% 的费用，也就是 120 元一台，再扣除我们的各种费用，我们至少要亏损 8000 多万元啊！以前我们在这个价位的产品线上能赚 2000 多万元，现在反过来要倒贴 8000 多万元，一进一出利润相差 1 亿元，公司怎么能承受得了？"

定价背后的生死

说到这里，大家都沉默了。毕竟，谁也不敢去冒这么大的风险。现在虽然每一台挣得少一点，但日子好歹还能过得下去。如果真要一年亏损 8000 万元，那公司有可能是立马关门啊，1000 多名员工怎么办？很多人在公司已经待了七八年，上有老下有小的，这帮人不跟你拼命才怪呢！

大家把目光都投向了肖洒，希望他能够给一个结论。肖洒扫视了一下全场，清了清嗓子，对大家说："我知道下这个决定很难，但如果我们今天不下这个决定，明年可能会更难。财务总监对亏损的账算得很清楚，我们如果按照 399 元定价的话，今年要亏损 8000 多万元。但是，他有另一个账没有算清楚，我们去年在这个价格区间产品线获得的 2000 多万元盈利，也许今年会全部消失，因为一旦竞争对手也想明白了我们的这种做法，东方的市场份额可能一夜之间就被别人抢过去了。所以，我们同样可能面

一旦竞争对手也想明白了我们的这种做法，东方的市场份额可能一夜之间就被别人抢过去了。所以，我们同样可能面临着关门倒闭。

临着关门倒闭。"

听到这里，底下的人面面相觑，大家想不明白，肖洒所说的"这种做法"到底是什么。因为如果只是用价格战抢了竞争对手的市场份额，那也是"杀敌一千，自伤八百"啊，大家都没有捞到什么好处，跟同归于尽有什么区别呢？

看到大家惊讶的表情，肖洒才想起来，自己还没有将互联网的这套打法跟大家讲一下呢，他只顾着自己思考，却完全忘了大家的脑子里还都没有转过弯来。于是，肖洒拿起黑色水笔，在白板上边画边讲："请大家想一想，我们现在推出的控压服务包，跟过去主卖的普通血压计到底有什么区别？"

研发总监回答道："不就是多了一个数据上传功能和后台服务吗？其他的什么都没变啊！"

肖洒顿了一顿，说："从功能的角度上来讲，你说得对！但是，因为这个小小的功能改变，控压服务包能够帮助我们把消费者变成用户，而普通的血压计做不到！在过去，我们把血压计卖给消费者以后，消费者跟我们就再也没有关系了。现在，当我们把服务包卖给消费者以后，消费者跟我们的沟通才刚刚开始。一旦拥有这种沟通的机会，我们后面就有可能在这个用户身上持续获得收益。当然，这个收益不见得是需要用户掏钱的，也许是用户直接埋单，也许是别人来替他埋单！"

"可是，这个也是猴年马月的事啊！我们得考虑现实的情况，公司可能在产生新的收益之前早就倒闭了！"财务总监愤愤地说道。

"是的，如果从过去的环境来看，的确是你说的那样。可是，互联网经过了十几年的发展，带动了另一个行业的快速崛起，即风险投资，他们在阿猫、阿狗这些公司上面都获得了几十倍甚至几百倍的回报。举个例子说吧，有一家叫高屋建瓴的风险投资公司，最早在阿狗电商身上投了3亿美元，4年后就变成了50多亿美元，足足涨了近20倍！"

在过去，我们把血压计卖给消费者以后，消费者跟我们就再也没有关系了。现在，当我们把服务包卖给消费者以后，消费者跟我们的沟通才刚刚开始。一旦拥有这种沟通的机会，我们后面就有可能在这个用户身上持续获得收益。当然，这个收益不见得是需要用户掏钱的，也许是用户直接埋单，也许是别人来替他埋单！

别人凭什么给你钱

"但是，我们根本就不赚钱，风险投

资会投我们吗？想当初我们上市的时候，证监会可是要求连续三年盈利，并且每年的利润额都不低于 1000 万元啊！"

"这个恰恰就是风险投资跟国内上市的区别。国内上市，通常是按照 PE 的方式来给我们估值，所以我们必须盈利。但对于风险投资而言，他们最看重的不是企业当前的盈利，而是未来的盈利能力。换言之，他们给我们估值的方法不基于现在赚多少钱，更多的是看我们现在有多少用户，以及每个用户在未来可能值多少钱。"

"那如果按照用户估值的话，我们能值多少钱呢？"

"嗯，你问了一个很好的问题！如果我们今年的用户数能达到 50 万的话，按照一个高血压用户 200 美元的估值，我们公司的价值就会达到 1 亿美元！当然，如果环境比较好的话，一个用户的估值可能会达到 500 甚至 1000 美元，那公司的估值就达到 2.5 亿甚至 5 亿美元。当用户数量达到 50 万这个量级时，有些意想不到的盈利模式可能就出现了。"说到这里，肖洒又把"羊毛出在猪身上"的理论跟大家讲了一遍。

每个人都听得很专心，这一套全新的互联网做法，对于他们来说就像天方夜谭一样，但每个人听完之后都有一个感觉：原来天上真的是能掉馅饼的！

肖洒当然不能让大家产生这种错觉，他给大家讲了获得风险投资的前提："当然，我们能不能拿到风险投资取决于很多因素。其中最重要的就是要验证商业模式的可行性，别人才敢给我们投钱。所以，我们接下来要做的，是要真的把控压服务包这个完整的闭环走通，并且验证用户的确是很欢迎它的。一旦这步完成了，那么接下来复制和扩张所需要的资金，VC 就会愿意来锦上添花。大家一定要记住，VC 不是慈善机构，尽管他们的名字叫'风险投资'，但他们其实是最厌恶风险的，绝对不会雪中送炭，从根本上来讲，我们打铁还得自身硬！"

听到这里，大家都松了一口气，屋子里响起了热烈的掌声。销售总监拍着胸脯说："老大请放心，就凭这 399 元

我们能不能拿到风险投资取决于很多因素。其中最重要的就是要验证商业模式的可行性，别人才敢给我们投钱。

VC 就会愿意来锦上添花。大家一定要记住，VC 不是慈善机构，尽管他们的名字叫"风险投资"，但他们其实是最厌恶风险的，绝对不会雪中送炭，从根本上来讲，我们打铁还得自身硬！

的跳楼价，我保证完成任务！"产品总监的眼中也闪着泪花，他终于明白了自己开发出的这个"控压服务包"的价值所在，他也当场立下了军令状："请大家放心，我们一定会确保智能血压计产品的稳定性，以及后台专家的高品质服务！"

第 8 章

风险投资是
最厌恶风险的

风险投资为什么不投钱

　　说干就干，各个部门立刻行动，在首都的 100 多个大药房中，控压服务包的价格全部调到 399 元 / 套，现场促销人员也更加卖力地讲解和演示。结果，只用了短短的 3 天时间，1000 套控压服务包就被抢购一空。很多药店感慨，以前一天也不见得能卖出一台血压计，现在有的顾客一个人就买了两三台（当然后面还连接着服务），分别送给自己的爸妈和岳父岳母。

　　按照这个销售速度计算的话，全国有 1000 家终端，一年就能卖出 100 万台！当然，由于每个地区的购买力和接受程度不一样，实际销售结果肯定没有这么乐观。但即使是打对折，也有 50 万台啊！想到这里，销售总监的心里总算落下一块石头，完成今年的销售任务应该没有太大问题。

　　这正是传统企业的优势，其多年形成

这正是传统企业的优势，其多年形成的品牌和口碑、遍布全国的销售渠道、稳定的合作伙伴关系，以及能够让消费者直接体验的环境，对于血压计这样相对专业的产品来说，比起单纯的线上销售更有优势。

的品牌和口碑、遍布全国的销售渠道、稳定的合作伙伴关系，以及能够让消费者直接体验的环境，对于血压计这样相对专业的产品来说，比起单纯的线上销售更有优势。

曾经有人跟肖洒建议说，建立一个纯线上的销售模式，去掉所有中间环节，采用"饥饿营销"的方式来卖血压计。其实每种模式都有优劣之分，并无绝对的对与错。对于每个企业而言，只有"合适"与"不合适"的区分。

想到这里，肖洒突然想起最近很火的一个词——"O2O"。在过去，互联网企业之间的竞争主要是纯线上的竞争，比如门户、视频、微博等；但是，随着互联网跟传统产业融合的加速，未来互联网企业之间的竞争，一定是线上线下同时竞争，甚至线下的能力决定了线上的高度。毕竟，线下市场的规模比线上要大几百倍。如何让线下的能力变成一

随着互联网跟传统产业融合的加速，未来互联网企业之间的竞争，一定是线上线下同时竞争，甚至线下的能力决定了线上的高度。

种优势，而不是包袱，这是肖洒努力思考的。

3 个月的时间很快就过去了，肖洒看了一下数据，全国一共卖了 15 万台，基本符合预期。但是，东方公司季报公布，由于成本支出大幅度增加，公司出现了历史上最大的单季亏损，股价随之快速下跌。更要命的是，肖洒在跟 VC 谈的时候，进展并不顺利。投资人都挺认同他们独创的健康管理模式，但是对于获取一个用户的成本在 170 元左右，都纷纷表示质疑。同时，由于 SIM 卡是每个月都需要给移动公司支付通信费的，出厂的时候已经预付了半年 30 元的费用，但是半年之后有多少用户愿意继续交钱，这个就不好说了。如果用户不续费的话，那么无疑宣告这个用户的消失，东方公司就再也无法获得他们的数据，并且也没有办法和他们继续保持沟通。如此一来，原先为了获取用户所投入的巨额资金就全部打了水漂。

什么是"验证过的商业模式"

听到这里，肖洒才明白风险投资的钱还真不是那么好拿的，也才理解他们其实是最厌恶风险的。他的心里也忍不住抱怨都教授了，当初要不是你跟我讲这一套"鬼理论"，我何至于搞到现在这么狼狈啊，要是再这样"烧"下去，估计坚持不了几个月，公司离倒闭也不远了啊。

可是转念一想，肖洒才发现自己太冒进了。都教授说过，一定要找到"验证过的商业模式"，自己却脑子一热，一开始就全面进攻；只是在销售上觉得可行了，然后就立刻复制到全国，显然是把问题想简单了。说到底，还是原来那根筋没转过来。过去，只要把产品卖出去就万事大吉了，这是卖产品的思维模式；现在，产品卖出去只是第一步，万里长征才刚刚开始呢，难得的是后面的服务闭环，以及用户的黏性和付费能力。

当然，也有一个好消息，在短短三个月的时间，东方公司已经收到了好几面锦旗，成功地挽救了 12 个用户的生命，他们都是因为后台医生打电话通知才及时去的医院，再耽搁一点时间很可能就没命了，这真是一件功德无量的事情。另外，通过后台专家的咨询和建议，很多用户加强了运动，改善了饮食，心情也变好了，血压保持了稳中有降的趋势。

开季度总结大会的时候，肖洒对做这件事情的方向进行了肯定，同时也深刻地反省了自己所犯的"冒进主义"错误，正所谓"前途是光明的，道路是曲折的"，并发动大家每一个人要贡献自己的智慧：如何既能降低获取用户的成本，又能提高用户的黏性，更重要的是，价格还不能往上提！

这个超级难题一抛出来，大家都傻了眼，谁也找不到更好的解决办法。又要马儿跑得快，又要马儿不吃草，天下哪有这样的好事啊！谁要是能想出这个答案，那绝对也值上亿美元啊！

在讨论会上，有人提出来，能不能把原来的SIM卡式的通信模组改为蓝牙通信模组，通过蓝牙近距离把数据上传到手机上，再通过手机连接WiFi或3G把数据上传到云端。这样一来，成本可以比SIM卡型血压计有较大幅度的下降，更关键的是，用户不用每年续费，从而降低了可能的流失风险。

如何既能降低获取用户的成本，又能提高用户的黏性，更重要的是，价格还不能往上提！

又要马儿跑得快，又要马儿不吃草，天下哪有这样的好事啊！谁要是能想出这个答案，那绝对也值上亿美元啊！

可是很快就有人反驳，蓝牙血压计老百姓会用吗？因为目前血压计的主流使用人群还是集中在 60 岁以上，尽管高血压的发病有年轻化的趋势，但是至少在短期来看，60 岁以下的这部分人群还构不成消费主力。而对于 60 岁以上的人群来说，想让他们学着用智能手机去连接蓝牙血压计，还要去操作智能手机上的 App，那简直是天方夜谭啊！

这时候，研发总监不知从哪里掏出来一台蓝牙血压计，对大家说："这是我们另外一个项目小组提前做的研发储备，技术上已经成熟了，目前正在优化用户体验，希望能够让用户只要 3 步就学会使用。前两天教了一下我 60 岁的老妈，整个使用过程是这样的：'解开锁屏'→'点击东方血压计图标'→'点击三角形启动按钮'。这是最简单的三步，我教了我妈 3 遍，结果她就会用了！所以，我认为，蓝牙血压计的方案在一定程度上是可行的！"

尽管有人反对，但大家也没能想出更好的办法。最后，大家每人领了一台蓝牙血压计回去，都从用户的角度亲自体验一下。过了 3 天，大家的反馈陆续出来了：超过一半的人成功地教会了家里的老人使用智能手机去连接蓝牙血压计；另外一部分老人是死活不愿意使用智能手机，总觉得那玩意太麻烦，不会用。

另外一个很关键的问题是：数据采集到了手机上以后，怎样才能上传到云端？老人的手机一般都没有开通流量套餐，所以他们的手机是不联网的，如果让他们花10块钱开通一个100M的套餐，一般老人都因为平时节俭惯了而不愿意开通。更何况现在手机上"偷流量"的应用实在太多，100M流量根本就不够用。也有很多家庭使用无线WiFi，可是如果一直开着WiFi的话，手机一会儿就没电了，这样一来老人整天都得充电，他们会觉得太麻烦。

但是如果数据只是保存在手机上，那么这个血压计跟普通血压计就没有任何本质上的区别，消费者依然没有转化为用户，厂家依然没有与用户沟通的机会，后面所有的商业模式也就都不成立了。看起来，这条路也是很难走通的。

希望彻底破灭

突然有人提议："如果我们的蓝牙血压计主打50岁左右的高血压人群呢？这群人一般都会使用智能手机，而且由于工作压力太大，健康情况也不太乐观。更关键的是，他们中的大部分人目前正处在事业的巅峰，购买力足够强，消费自然不成问题。"

听到这里，大家又都兴奋起来了，这真是一个好主意。记得在大学里学市场营销课程的时候，老师就讲到了市场定位的问题：如果需要开展一项业务，第一个要问的问题就是"我的顾客是谁？"大家这段时间忙得晕头转向，早就把这个基础问题抛到九霄云外了。

行动最快的是市场部，他们立刻准备了一份面向 50 岁左右人群的策划案，主打送礼的模式，强调"送健康、送关爱"。由于蓝牙血压计作为一款"新奇特"产品，一般人没见过，其小巧漂亮的外观，也为送礼加分不少。在定价上，他们根据礼品的主流价格区间，把价格定在了 499 元 / 台，并且包含了 1 年的服务费。如此一来，扣除渠道成本和各种费用之后，他们基本可以做到不亏本。

在大家的齐心协力之下，东方公司的蓝牙血压计很快就上市了。很多消费者对这款血压计小巧可爱的外形给予了高度评价，但是具体到要掏钱购买时，他们还是比较犹豫：毕竟送礼最好送个国际大品牌，比如阿龙血压计之类的；而像东方血压计这样的国产品牌，尽管有这样那样的新功能，但收礼的人不见得能认可啊！如果不认可，那礼品岂不是白送了？

又三个月过去了，东方蓝牙血压计销售一片惨淡，一共才卖了不到3万台，严重低于预期。更惨的是后台数据，血压计的激活率连10%都不到，换言之，真正的用户只有不到3000个，这个数字拿出来都不好意思说你是做互联网的。分析用户激活率这么低的原因，主要有两点：一是因为主打礼品市场，所以很多人收了之后就束之高阁，并没有拿出来使用，曾经有人说他家里摆着七八个血压计都没开封；二是因为相当一部分人不会用，这从后台数据就可以看出来——他们尽管下载了App，但却没有绑定设备，很可能是压根就不知道还要连接蓝牙，甚至他们连手机上蓝牙的开关在哪里都不知道。

肖洒感觉非常沮丧，他深深地感到，教育用户是多么困难的一件事情。也许10年以后，所有的血压计都会变成智能血压计，但是在今天，最早做这件事的人很可能会变成"先烈"。怎么办？怎么办？他感到前所未有的孤单和无助，曾经每次都感觉离成功很近了，但总是差了那么一点。现在，他感觉所有的希望都彻底破灭了。

第 9 章　互联网模式更需要资源整合（一）

跳出自己看合作

每当"想不开"的时候，肖洒就忍不住呼唤都教授。这是一个月明星稀的夜晚，正值夏天中最热的时候，虽然开着空调，但肖洒依然觉得浑身燥热难当。他之前也呼唤过好几次都教授，但教授却一直没有出现。有时候肖洒甚至在想，这家伙是不是连投在他们公司的钱都不要了？最近东方公司的股价一直阴跌不止，早就跌破了当初都教授他们共同基金在买入时的价格。

正想着的时候，都教授不知什么时候又迈着轻盈的步伐从窗外走了进来。看到了久违的都教授，肖洒立刻迎上去，有些抱怨地说："教授，你教我的那一套听起来很美，可是在实际操作中怎么都不灵啊！"

"哈哈哈哈！"都教授爽朗地笑了半天，然后停了下来，意味深长地对肖洒说，"肖洒同志，你太心急了！要做好一件事情，没有耐心不行，没有智慧更不行。过去你们做的事情很简单，只要想着怎么能够把产品卖出去就可以了，所以操作起来也比较省事，无非就是降价、促销、做广告之类。可是现在，你们不但要想着怎么把产品卖出去，必须大卖特过去你们做的事情很简单，只要想着怎么能够把产品卖出去就可以了，所以操作起来也比较省事，无非就是降价、促销、广告之类的。可是现在，你们不但要想着怎么把产品卖出去，必须大卖特卖，而且还要想着怎么才能牢牢黏住用户，尤其是后者，那是需要好好动一番脑筋的！

卖，而且还要想着怎么才能牢牢黏住用户，尤其是后者，那是需要好好动一番脑筋的！"

"可是，我现在的问题是，产品如果想要大卖特卖，对每个用户的补贴成本就会很高很高，甚至高到难以承受。我也换了很多其他方法来试着降低用户的补贴成本，但是销售规模和用户转化率却一下子就下来了。"肖洒愁眉苦脸地回答道。

"你有没有试过与别人合作呢？"

"跟别人合作？"肖洒想了想，自己一直就是在跟别人合作啊，血压计上游有很多供应商，下游有很多渠道合作伙伴，还有银行、政府也一直在支持自己，可是都教授为什么要问我这个问题呢？

"在过去，你跟很多合作伙伴合作，都是在有限的蛋糕里面分利润，比如你一共只有100元的利润空间，就需要分

50元给渠道，分20元给供应商等，所以你会觉得不爽。但是在互联网模式里，你要想办法去创造新的蛋糕，并且每个人都可以各取所需，也许别人不需要跟你分原有的利润就能实现你所期望的目标呢！"

"还有这样的好事？天下熙熙，皆为利来；天下攘攘，皆为利往。"肖洒有点不解地吟道。

"那是你把自己局限在一个小小的深井里面，如果你跳出自己的那口井，就会发现一个完全不一样的世界！这样吧，明天白天你先去家电大卖场，好好看一下卖电视的地方，晚上回来我们再讨论！"都教授给了肖洒一个简单明了的建议，然后又轻轻地走到了窗外。

肖洒看着窗外圆圆的月亮，仔细想着刚才都教授所说的"合作"，让他对这个词有了新的思考。这个再熟悉不过的词，

在过去，你跟很多合作伙伴合作，都是在有限的蛋糕里面分利润，比如你一共只有100元的利润空间，就需要分50元给渠道，分20元给供应商等，所以你会觉得不爽。但是在互联网模式里，你要想办法去创造新的蛋糕，并且每个人都可以各取所需，也许别人不需要跟你分原有的利润就能实现你所期望的目标呢！

在互联网里面竟然又有了新的含义。正如他原先对"用户"这个词的理解一样，看起来每个字都认识，实际上完全不理解其中真正的含义。于是，他决定明天一大早去附近的家美电器大卖场好好看一看，到底那里面藏着怎样的秘密呢？

真正的合作必须方向一致，但目标不同

第二天一早，肖洒就来到了离家最近的家美电器大卖场，直接找到了电视销售区。这里的电视品牌真是琳琅满目，粗略数了一下至少有 10 个，每个品牌的展区都摆满了各种尺寸的电视，播放着色彩鲜艳的视频。让肖洒印象最深刻的是各家电视厂商着力宣传的特色功能，有主打健康的，有主打智能的，有主打 4K 的，还有主打炫丽屏的，等等。

肖洒走到了 DCL 电视的展区，厂家促销人员一看有客人过来，立刻满脸堆笑地迎了上来，热情地给肖洒推荐最新款的"云电视"。这款电视价格适中，可以直接连接互联网看电影和玩游戏，如果现在购买的话，还能免费赠送一个电饭煲。

促销员说了半天，肖洒觉得一点都没吸引到自己。对他

来说，虽然每款电视各有卖点，但却很难打动自己，总觉得这是厂家刻意做出来的噱头。就像空调一样，有的说是光触媒，有的说是循环风，有的说是负离子，结果消费者并不买账。其实真正重要的，是你到底有没有给消费者带来什么实际的价值，而不是光凭一个概念到处"忽悠"。

又转了一圈其他的电视品牌，肖洒遇到的都是同样的问题：概念很难打动自己，赠品也没有吸引力。肖洒不太明白都教授为什么让他来看电视卖场，难道这个跟自己有什么关系吗？再说了，自己一个卖血压计的，跟电视八竿子也打不着啊！

回到公司，肖洒打开百歌搜索，又研究了一下 DCL 电视公司，发现这家公司曾经是电视行业的龙头，后来因为行业中有人率先发动"价格战"，导致全行业亏损。幸好液晶电视开始崛起，在更新换代的这一波热潮中，DCL 公司才逐渐恢复一点元气。可惜好景不长，随着市场竞争的加剧，公司的利润率一直在下滑。他们只有通过不断开发新产品来吸引消费者，但在肖洒看来，很多产品是换汤不换药，无非就是改了一个名头、换了一个概念而已。DCL 公司也一直在推出运算更快、性能更强的电视，但对于消费者来说，这些冷冰冰的参数无疑是功能过剩，根本就不实用。

时间过得很慢，好不容易熬到晚上，肖洒焦急地等待都教授的来临。他呼唤了好几声："都教授！都教授！"都教授才姗姗来迟，他笑眯眯地问肖洒："你今天去看家美电器最大的收获是什么啊？"

肖洒回答说："没什么收获啊！他们的电视都没什么卖点，每一家都在拼命地吆喝，却还是很难打动消费者。"

"哈哈哈哈，这就对了！你好好想想，这是不是你的机会？"

肖洒疑惑了："这跟我有什么关系？我又没办法解决他们的问题！"

"不要只站在你的角度来考虑问题！"都教授提高了声音，"合作最重要的是要站在对方的角度来想问题！你如果能够帮电视机厂商这个大忙，他们会找你分利润吗？"

"哈哈！那他们应该给我钱才对！"

> "不要只站在你的角度来考虑问题！"都教授提高了声音，"合作最重要的是要站在对方的角度来想问题！"

肖洒很开心地回答。

"你说得对，这样你们就各取所需，他们可以把电视卖得更好，赚足应该属于他们的那块利润；而你同样可以把血压计卖得更好，赚到应该属于你的那块利润，或者获取到你所需要的用户。最后产生'1+1>2'的效果，这样大家都会很高兴，是不是？要知道，这才是真正可以持久的合作！所谓合作，必须方向一致，但目标不同！唯有这样，双方或者多方才有互相借力、合作共赢的可能。"

"是啊，可是，血压计跟电视机又有啥关系呢？我是心有余而力不足啊！"

所谓合作，必须方向一致，但目标不同！唯有这样，双方或者多方才有互相借力、合作共赢的可能。

当电视机遇到血压计

看到肖洒很疑惑的样子，都教授轻

轻地摇了摇头，他知道，很多东西，如果不是亲眼看到，是打破脑袋都想不出来的。他让肖洒把屋子里面的灯关掉，拉起窗帘，一幕熟悉的场景又出现了：肖洒一下子又回到了自己家的老房子，看见奶奶正在房间里看电视。突然，她觉得有点头晕，就拿起桌子上的血压计测了一下，这时神奇的一幕出现了，电视上的画面自动切换到量血压的界面，只见大屏幕上的数字在不断地跳跃，测量结束后，电视画面上出现了一个很大的提示："轻度高血压，高压148mmHg，低压91mmHg。"然后，电视上又自动播放了一条关于控制轻度高血压的保健品广告，而且楼下的药店竟然就有卖，随后又切换到原来的电视节目。

肖洒看得张大了嘴巴，他做梦也没有想到，血压计竟然能够在电视上使

他做梦也没有想到，血压计竟然能够在电视上使用！并且体验是如此完美，居然不需要任何额外操作，连70岁的老人都会用，字体也特别大，看得非常清楚！

用！并且体验是如此完美，居然不需要任何额外操作，连70岁的老人都会用，字体也特别大，看得非常清楚！

这才叫用户体验！这才叫极致的用户体验啊！他实在是抑制不住内心的兴奋。就凭这一点，有老人的家庭肯定会被这样的实用功能所打动；而对于电视机厂商来说，这无疑是个"杀手级"应用，将会大大提升自家电视的竞争力。

看到肖洒欣喜若狂的样子，都教授问："你去家电大卖场的时候，还有没有其他发现？"

肖洒摇了摇头，觉得一路看过来，并没有更多有价值的发现。

"你有没有留意到，如果你买一台电视，他们要送你一个电饭煲？"都教授继续提醒肖洒。

"嗯，想起来了，他们的促销员的确说过这么一句话！"肖洒愣了一下，突然反应过来，"你是说，电视机厂商可以把他们的促销品换成我们的血压计？"

都教授微微地点了点头说："是的。由于大家电的单价往往比较高，所以厂商为了尽快促使消费者做出购买决策，往往会配置一定比例的促销品。比如像电视机，一台售价四五千元的电视，经常会送一台成本在100元以内的电饭煲。"

"但是，这个促销品对消费者来说，其实没有太强的吸引力。我想现在几乎每个家庭都有电饭煲，估计再送一个很多人也不要。"

"是这样的。所以厂商绞尽脑汁在想给消费者送什么赠品好，有的送保温杯，有的送毛巾，还有的送电风扇等，但归根结底，这些赠品并没有跟他们的业务融合起来，更不要说能够给他们带来意外的惊喜了。"

"意外的惊喜？您指的是？"肖洒不太明白都教授指的是什么。

"你有没有注意到，血压测完以后，电视上还会自动播放一条小广告？你有没有发现这个广告跟以前在电视上看的广告有什么区别？要知道，这可不是普通的广告，而是完全根据用户特征定制的个性化广告！它是根据你的血压历史、

这可不是普通的广告，而是完全根据用户特征定制的个性化广告！它是根据你的血压历史、城市位置、小区楼盘价位、性别、年龄等多个维度，实时计算出来的精准广告。

城市位置、小区楼盘价位、性别、年龄等多个维度，实时计算出来的精准广告，每一条都是非常值钱的！"都教授耐心地解释道。毕竟隔行如隔山，这样的商业模式对于肖洒来说实在是太陌生了。

第 10 章　互联网模式更需要资源整合（二）

如何通过资源整合大幅降低成本

这一夜，肖洒又是脑洞大开，辗转难眠。山重水复疑无路，柳暗花明又一村。这种感觉他已经经历过好多次了，随着问题的不断解决，肖洒对互联网的理解也越来越深刻。

第二天一早，肖洒就登上了飞往 DCL 电视公司所在城市的飞机。出乎意料的是，DCL 电视公司的销售总监陈东竟然正好是他小学的同班同学。老同学多年没联系，竟然在他乡相见，自然分外惊喜，两人先是叙了一会儿旧。随后，大家言归正传，肖洒说明了此次专程过来登门拜访的目的。

陈东一听，直呼"靠谱"，这可是帮他解决了一个困扰他多时的大难题啊！他最后唯一提出的需求就是控压服务包的成本必须控制在 100 元以内，这样可以覆盖到 DCL 电视 50% 左右的产品线并作为它们的标准促销品来配置。

这可难倒了肖洒，因为目前一个控压服务包的成本远远高于 100 元，如果按照 100 元的价格给 DCL 公司，那跟原来走代理商路线，依靠花钱买用户又有啥区别呢？讨论到最后，他们想出了两个方法。

一是通过规模批量锁定的方式，直接降低智能血压计的生产成本：根据供应链部门的测算，当单品生产规模上升到100万台以上的时候，生产成本完全可以控制在100元以内。

二是通过大数据处理和人工智能技术的方式，大幅度降低后台专家服务的成本：原先一个医生只能服务100位用户，现在通过人工智能决策支持系统就可以服务1000位用户，对应到金额上，每个用户的服务成本下降了90%。

如此一来，一个控压服务包的成本基本可以控制在100元左右，即使是全额补贴，也完全是在可承受的范围之内。

别人为什么愿意开放最好的资源给你

在双方确立了初步的合作意向之后，两边的工程师立刻投入了技术对接的研发过程中。很快，东方血压计在DCL电视上的Demo做出来了，用户体验果然非常棒，受到了DCL电视公司上下的一致好评。很快，DCL那边传来了好消息，明年的订货量为500万个控压服务包（每个控压服务包含1台智能血压计和1年后台专家服务）。

听到这个消息，肖洒差点没晕过去！要知道，500万台血压计是什么概念？这可是去年他们整个血压计行业全部品牌销量加起来的总和！如果DCL明年真的能够送出500万台血压计，那么这个行业就基本上被颠覆了。想到这里，肖洒的后背不禁冒出了冷汗，幸好是他的公司在主导这个项目，否则明年连自己是怎么死的可能都不知道。

好消息接连不断，他们之前头疼的大数据处理和人工智能技术也找到了国内最强的合作伙伴，不是别人，正是都教授诞生的地方——百歌公司。再一次让肖洒大跌眼镜的是，百歌公司竟然免费提供这项全球最领先的技术！一开始，肖洒以为自己听错了，直到跟对方确认了三遍以后，他才相信这件事情是真的。

晚上，都教授破天荒地主动跑出来找肖洒聊天，这次真的纯属聊天，不负

500万台血压计是什么概念？这可是去年他们整个血压计行业全部品牌销量加起来的总和！如果DCL明年真的能够送出500万台血压计，那么这个行业就基本上被颠覆了。想到这里，肖洒的后背不禁冒出了冷汗，幸好是他的公司在主导这个项目，否则明年连自己是怎么死的可能都不知道。

责回答任何问题。肖洒很感激都教授，谢谢他帮助协调了百歌的大数据处理和人工智能方面的资源。结果都教授哈哈大笑，说这事不是他干的。

肖洒很惊讶，因为如此重要的资源和能力，百歌公司可是投了血本研发出来的啊，请了好几位在人工智能领域全球顶级的科学家，据说有的科学家年薪加股票就是几千万甚至是上亿美元啊！现在，自己的公司竟然能够轻而易举地得到百歌公司在这方面领先技术的鼎力支持。

都教授看出肖洒的疑惑，淡淡地说："其实对于我们百歌公司来说，也正在做一项重大的战略转型。过去，作为一家搜索公司，我们主要占领的是互联网流量的入口；未来，作为一家人工智能公司，我们占领的将是用户决策的入口。所以，我们会开放最好的技术，既是在

过去，作为一家搜索公司，我们主要占领的是互联网流量的入口；未来，作为一家人工智能公司，我们占领的将是用户决策的入口。所以，我们会开放最好的技术，既是在帮助你们解决用户的问题，同时也是在帮助我们占领用户决策的入口。

帮助你们解决用户的问题，同时也是在帮助我们占领用户决策的入口。"

"那你们的这项技术具体会以怎样的形式来帮助我们呢？"肖洒不解地问道。

"其实很简单，你可以理解成我们会派出1万名虚拟医生来支持你们的后台服务。这些虚拟医生每个都拥有非常强的'百歌大脑'，在医疗领域拥有了95%以上目前人类拥有的经验和知识，或者说相当于主任医师级别的水平，并且智慧水平仍然在快速提升和发展。"

听完都教授深入浅出的讲解，肖洒顿觉脑洞大开。最近通过不断地跟都教授交流和学习，他已经感受到了百歌公司强大的技术实力和令人惊艳的智慧水平，所以对于"虚拟医生"这个概念，在他的脑子里早就转化成了实实在在的形象，对此，肖洒除了期盼还是期盼。

经过一番精心策划和准备之后，"DCL电视＋东方控压服务包"的组合很快就上市了。结果DCL电视立刻成为市场上最受欢迎的产品，很多用户指名要求购买带血压计的那款：因为这种组合有效地满足了全家人的需要，而且父母在量完血压之后，儿女的手机上立刻就能接收到血压数据和风险提醒，简直太棒了！

一个月之后，DCL 公司一共送出了 20 万个控压服务包，电视机的销量也比同期增长了 100%。目前所有生产线已经开足马力，加班加点进行生产，确保市场可以有货供应。但是瓶颈更严重的是血压计，由于严重断货，很多地方出现了"一机难求"的情形，最后迫不得已采用限购和预售的形式，削减一部分用户的需求。按照目前市场的情况，如果产能充足的话，一个月送出 50 万台不成问题，全年 500 万台的目标也就很轻松完成了。

与此同时，东方公司刚刚完成了服务的升级，用户在测完血压之后，如果有疑问还可以通过智能电视的摄像头，实时与专家进行面对面咨询。这时候，电视就变成了一个超级巨大的可视电话，这种面对面的沟通方式特别适合老年人，

用户在测完血压之后，如果有疑问还可以通过智能电视的摄像头，实时与专家进行面对面咨询。这时候，电视就变成了一个超级巨大的可视电话，这种面对面的沟通方式特别适合老年人。

简单、亲切又方便。而支撑这套服务的技术，正是百歌公司提供的云视频技术和虚拟医生资源，这使得东方公司即使是在用户量突然暴增的情况下，也依然保持了非常出色的服务水准，获得了用户的广泛好评。

大平台才能吸引大玩家

在一个阳光明媚的上午，东方公司突然迎来了两位不请自来的贵宾，一位是太阳人寿公司的董事长李建国，另一位是高屋建瓴资本的合伙人欧亚非。这两家公司在各自行业都属于排名第一的企业，因此他们的突然来访显得非同寻常。

肖洒很纳闷，寿险公司来找自己到底有什么意图，难道是来卖保险？显然不是。那他们到底有什么目的呢？李建国也是一个非常直爽的人，开门见山地对肖洒说："肖总，你们那个控压服务包的成本多少钱，我们全额补贴！唯一的条件就是，所有的数据必须同步一份接入我们的保险服务后台。"

肖洒一听就笑了，这算什么条件，同步一份数据几乎不需要增加任何额外成本，但他疑惑的是，太阳人寿要这些数据有什么用。

李建国点起一支烟，轻轻地抽了一口，缓缓地对肖洒说："对于保险公司来说，外面的人看起来挺风光，有着上万亿的资产规模，但其实那些钱都是客户的，我们只是替他们保管而已。现在的人寿命越来越长，支出的医疗费用也越来越大，所以我们很头疼的就是如何降低理赔成本。根据国外的实践经验，如果能够有技术手段对高血压这类慢性病客户进行积极的干预，他们的理赔支出平均会降低 50% 以上，这些节约下来的钱就能实实在在地转化为公司的利润了！"

听到这里，肖洒才恍然大悟。按照这个比例，自己所做的事情一年就可以为太阳人寿节约几百亿的理赔支出啊。其实不但如此，保险公司过去跟客户的沟通一直是非常不友好的：要么是在卖保险的时候，要么是在续保催缴的时候，要么是在出险理赔的时候，这些场合沟通的效果可想而知。现在通过平时细致入微的健康咨询，让客户实实在在地感受到保险公司的服务是有价值的，这样一来，满意度肯定会大幅度上升，续保率也会自然而然地往上走。

肖洒跟太阳人寿的李建国聊完，高屋建瓴资本的合伙人欧亚非已经在贵宾休息室等候多时了。这些平时难得一见的大人物,今天竟然主动登门拜访,让肖洒感觉有点不适应。欧亚非也是一个传奇人物,2000万美元的启动资金,在短短的10年时间里已经涨到了30亿美元,管理的基金规模更是超过了400亿美元。

双方在简单寒暄了几句之后,欧亚非也直奔主题:"东方公司现在需要多少钱?"

这个账肖洒已经算过了无数次,其实按照目前的运营模式,基本上不需要太多的资金投入,无非是需要增加流动资金用于周转。至于产能问题,考虑到国内血压计行业整体上其实是严重过剩,完全可以通过OEM(代工)或收购的方式来解决。所以,肖洒说1亿元人民币就差不多够了。

结果欧亚非说:"OK,那就给你1亿美元吧!我们只占有你们10%的股份。"

"啊?"又是幸福来得太突然,肖洒一下子有点头晕目眩,就像天上突然掉了一块馅饼,不对,是突然掉了一块金子下来,砸到了他的面前,让他不敢相信这是真的。

欧亚非也看出了肖洒的不适应,拍了拍他的肩膀说:"其实我们已经研究你们公司很久了,直到最近才发现你们确实'上道'了。我们唯一的要求是,你们在未来1年内用户数要达到 100 万，每个用户给予的估值是 1000 美元，所以对你们总盘子的估值是 10 亿美元！另外，作为长线投资者，你们也可以不用太担心短期的亏损。我们曾经投资过一家洗衣液公司，他们原先一直是盈利的，但我们觉得这个公司的'护城河'不够深，所以建议他们斥巨资教育消费者改变洗衣服的方式，最后他们成功了，成为行业第一！我相信，你们也可以做到！"

第 11 章 家电企业如何进行
战略转型

家电业的辉煌与困境

第二天，一则新闻迅速占据了各大财经网站的头条：东方血压计公司宣布接受高屋建瓴资本1亿美元的投资，成为该行业有史以来最大的一笔风险投资。

当然，更令广大东方公司的投资者兴奋的是，公司股票一开盘就死死地封在了涨停板上。自从东方血压计公司和DCL电视公司合作之后，公司股价已经累计上涨了接近100%，成为近期股市中最耀眼的明星。

一时间，东方血压计公司成为传统企业借助互联网进行转型的标杆，肖洒成为各大论坛和峰会争相邀请的演讲嘉宾，前来参观取经及合作洽谈的企业也络绎不绝。在这个过程中，肖洒结识了很多新朋友，寻找到了更多跨界合作的机会，一步一步地让用户体验变得更加卓越。

其中有位朋友，便是DCL电视的母公司——DCL集团的董事局主席王展鸿先生。王展鸿是家电业赫赫有名的领军人物，在25年前一手创建了DCL，从最早的电话机起家，发展到今天的拥有电视、手机、空调、冰箱、洗衣机、热水器、微波炉、豆浆机等上百个产品线，横跨产业链上下游的

超大型电子工业集团，并在全国拥有 40 多万家终端，10 万
地面销售铁军，DCL 的品牌更是家喻户晓，连续多年入选
"最有价值的品牌 500 强"前十名。

　　然而，DCL 集团发展到今天这个阶段，在很多细分领域已
经是行业第一了，每年的利润率和增长速度也基本保持稳定，很
难有较大的突破。人无远虑，必有近忧，最近的互联网发展非常
迅猛，也有人开始打进家电行业。他们往往采用网络直销的方
式，主打性价比路线，虽然销量不大，但是动静却搞得很大。

　　王展鸿一直有一种深深的危机感，他善于看到未来的方
向，并且在危机来临之前提前布局。当他得知肖洒背后有位
神秘的都教授鼎力相助之后，也特别希望能够有机会跟都教
授聊一聊，看看 DCL 集团下一步的危机可能会来自什么地
方，以及自己应该如何应对。

　　都教授很爽快地答应了，对他来说，帮助别人也是一种
快乐，说不定他们的共同基金又悄悄地提前布局了呢！

全新的智能空调用户体验

　　聊天地点约在了东方血压计公司所处城市的悦榕山庄酒

店，夜幕降临的时候，柔和的灯光洒在静谧的山庄里，三三两两的客人在花园中悠闲地散步，清新的空气中散发着淡淡的花香，让人宛如处在画中一般。

到了约好的8点钟，肖洒请王展鸿戴上百歌眼镜，轻声呼唤了两声："都教授！都教授！"这时，王展鸿看到一个非常年轻帅气的小伙子从窗外径直走了进来，虽然心里早有准备，但当他亲自看到这幕场景时，仍然不免暗暗称奇。这一切是如此真实，以至于他差点忘记都教授只是一个虚拟人物。

都教授温文尔雅地跟王展鸿和肖洒打招呼，只是可怜了肖洒，没戴眼镜啥也看不到，当然也啥都听不到，只能静静地坐在一旁独自品茶。王展鸿也免去了寒暄的过程，开门见山地问道："都教授您好，我想向您请教一个问题，有句话叫作'颠覆一个行业的，往往是外行'，我想知道，我们这个家电行业，未来会有哪些挑战和机会呢？"

都教授微微一笑，说："这样吧，展鸿先生，我先给您看一个情景，您就知道未来会发生怎样的变化了。"

王展鸿请肖洒关上灯，拉好窗帘，自己的眼前渐渐亮了起来，仔细一看，竟然是自己的大学同学张海生家。这么多年过去了，张海生明显苍老了，果然是岁月不饶人啊。张海生家的空调似乎不是太制冷，遥控器上的温度已经调到了 16 度，但仍然感觉不到凉爽。

屋里突然传来了张海生太太的声音："海生，你去打个电话吧，找厂家的售后来咱家把空调修一修！"

张海生"哎"了一声，来到书房，在电脑上打开百歌搜索，搜索"DCL 空调维修电话"，结果蹦出来一大堆电话，第一条写着"专业维修 DCL 空调，全市价格最低，电话××××"的字样。老张拿起手机，照着网站上的号码打了过去，对方非常热情地问清楚了空调的毛病，并答应立刻派修理师傅过来看一下。

不一会儿，就听到了"叮咚叮咚"的门铃声，老张打开门一看，是空调维修的师傅到了，他们的服务果然有效率啊。只见师傅熟练地穿上自带的鞋套，提着小煤气罐一样的东西走进了屋子，他在简单询问了老张家空调的情况之后，便检查了一下室内机，接着又爬出窗外，检查了一下室外机。检查完之后，师傅告诉老张，他家的空调铜管破了一个洞，需要更换铜管，费用是 350 元。同时由于铜管破裂，空调里面的氟全都跑没了，所以还需要加氟，一共要加 5 个大气压，每个大气压50元，总计250元。这样算下来，一共是600块钱。

老张一听头就晕了，反正也听得不大明白，最后讨价还价一番，以500元的价格成交了。不一会儿，空调就修好了，开机一试，果然凉了很多。老张送走了维修师傅以后，总觉得哪里有点不对劲，可是又说不上来哪里出了问题。他心疼那500块钱，毕竟再加一点钱就能买一台新空调了！

带着怀疑，老张又去百歌上搜索了一下"空调加氟"，前几条仍然是各种维修电话，后面竟然出现了"空调加氟骗术"的字样，他赶紧点进去一看，才发现这竟然是一种典型的骗术，有些黑心维修工人会在检查空调故障的时候，故意把铜管折坏，然后故意让客户看压力计，上面显示压力为零，接下来就会告知客户需要换铜管和加氟，而客户此刻就像鱼肉一样任人宰割。这个描述跟自己刚才的经历简直是一模一样啊！老张狠狠地把拳头捶在了桌子上，大骂了一声："混蛋！"

王展鸿也狠狠地把拳头捶在了椅子上，说了一声："太过分了！太过分了！"这一捶把自己捶疼了，他才猛然想起自己其实是在"看电影"。

都教授在旁边轻轻地说："不要激动，这只不过是 DCL 空调客户遇到的一个真实情景。不过在以后，这种事情就不会发生了。"说完，王展鸿眼前的画面慢慢切换到了另一户家庭，原来是老张的儿子小张家。

小张家的空调同样也是制冷出了问题，但跟老张不一样的是，小张的手机上自动接收到了一条消息，告诉小张制冷剂不足，现在只剩 3 个大气压，建议补充到 5 个，并询问小张是否需要预约维修。小张点击"预约"之后，画面上立刻出现了一张地图，显示了离自己最近的维修点，同时还有用户给每家维修点的评分。小张选择了离自己家最近、得分为 5 分（5 分为满分）的维修点，上面立刻显示出可以预约的时间。小张轻轻点了一下按钮"下午 3 点"，系统自动确认并提醒小张要家中留人。

到了下午 3 点，维修师傅果然很准时地到了。师傅的手机上已经自动显示了小张家空调的故障情况，经过复查，确认是制冷剂不足，师傅很快给加了 2 个大气压的制冷剂。最后一结账，连同材料费和工时费一共 80 元。付钱的时候，小张选择了在手机上直接支付，并且给了师傅一个 5 分好评。

看到这里，王展鸿不禁拍手叫绝，这个用户体验太好了，不但解决了用户容易被坑蒙拐骗的问题，而且也解决了公司售后管理的难题啊！他想起了空调事业部的老总曾经抱怨过，说售后成本实在太高了，明知各个售后点变着法子套取公司的材料费，客户投诉也很多，但一直苦于缺乏有效的管理手段，这种行为屡禁不止。如果售后成本能够降低1个点，那么公司每年将节约3亿元的费用，这可都会变成净利润啊！

都教授看到王展鸿喜悦的神情，轻轻地说："这个只是在用户体验上的优化，更大的变化还在后面呢！"

明知各个售后点变着法子套取公司的材料费，客户投诉也很多，但一直苦于缺乏有效的管理手段，这种行为屡禁不止。如果售后成本能够降低1个点，那么公司每年将节约3亿元的费用，这可都会变成净利润啊！

全新的智能空调商业模式

说完，画面切换到了10年后的小张

家。只见小张的手机上突然接收到一条消息，上面提醒："主人，我在您家已经生活了10年，现在命不久矣。我一共工作了1万个小时，消耗了2万度电，其中，白天工作了3000个小时，晚上工作了7000个小时；春天工作了500个小时，夏天工作了8000个小时，秋天工作了500个小时，冬天工作了1000个小时；循环风工作了3000个小时，摇摆风工作了1000个小时……根据您的使用习惯，我向您推荐我的兄弟'清风2代'，它最强的地方在于夏天能让你们呼吸到大自然中的新鲜空气，并且能够在3年内帮您省下500元左右的电费哟！"

与此同时，小张还得到了一张DCL"清风2代"空调的300元优惠券，他大致浏览了一下这款空调的详细介绍，发现无论是价位还是功能都完全符合自己的需求，于是轻轻地点了一下"确认购买"，并选择了下午3点送货上门和安装。

看到这里，王展鸿的脸上露出了少有的欣喜，他已经很久没有这么激动过了！最初，用户都喜欢去百货公司和专卖店买空调；后来，随着专业家电大卖场的崛起，用户都喜欢去家美电器这种地方买；现在，年轻人都喜欢去阿猫、阿狗等电商网站上买；未来，用户将直接在DCL的客户端上买！这种革命性的颠覆，既给用户带来了更好的体验，也让DCL

这样的品牌厂商赢得了跟用户直接对话的权力。

正在王展鸿看得出神的时候，都教授又轻轻地提醒他："Hold住！Hold住！后面还有更精彩的呢！"

"啊？"王展鸿以为到这里已经结束了，毕竟用户已经完成了重复购买。

"你好好回忆一下刚才那款空调的价格？"都教授特意提醒了一下王展鸿。

"1999元，如果我没记错的话，那个空调应该还是1.5P变频的。"王展鸿突然想起什么，他一开始以为那个价格只是示意性地标示一下而已，没想到这个价格竟然是真的，因为这个价格几乎就是空调的制造成本。

"你再看一下你们公司空调业务未来的利润！"都教授示意王展鸿继续往下看。只见画面上出现了一张财务报表和历史曲线图，净利润竟然是现在的10

最初，用户都喜欢去百货公司和专卖店买空调；后来，随着专业家电大卖场的崛起，用户都喜欢去家美电器这种地方买；现在，年轻人都喜欢去阿猫、阿狗等电商网站上买；未来，用户将直接在DCL的客户端上买！这种革命性的颠覆，既给用户带来了更好的体验，也让DCL这样的品牌厂商赢得了跟用户直接对话的权力。

倍，但是空调的销售数量并没有明显的增长，毕竟市场已经处于饱和状态。

王展鸿仔细看了一下利润来源，发现空调本身几乎是不赚钱的，绝大部分利润竟然来自广告和联营的收入分成！DCL集团什么时候开了一个广告公司？正在他纳闷的时候，画面上出现了有人来找他们投广告的情形。原来，DCL空调事业部经过多年的市场深耕，在国内已经拥有了5000万个用户，这些用户的地理位置、小区楼价、使用习惯等全部一清二楚地显示在大屏幕上，很多企业来寻找DCL进行广告上的合作，以便非常精准地把各类信息在最合适的时间、最合适的地点和最合适的情景下，智能推荐给最合适的用户。除此以外，DCL空调还给用户提供了更多有价值的增值服务，包括天气预报、PM2.5播报、穿衣提醒、感冒提醒等，无一不是最大限度地黏住用户。

王展鸿仔细看了一下利润来源，发现空调本身几乎是不赚钱的，绝大部分利润竟然来自广告和联营的收入分成！

很多企业来寻找DCL进行广告上的合作，以便非常精准地把各类信息在最合适的时间、最合适的地点和最合适的情景下，智能推荐给最合适的用户。

第 12 章　服饰企业如何进行
战略转型

今天的第一名有可能在十年后消失

　　看到这里，王展鸿立刻明白了。他很庆幸自己能够提前看到未来，否则当一场新的价格战来临的时候，他还真不知道怎么去应对，因为这次对手不是按照常理出的，甚至连自己是怎么被淘汰出局的，可能当时都不见得能够搞明白。都说做企业十年一个坎，如果没有都教授的指点，这道坎还真不是那么容易跨过去的。回到公司，他立刻提出了两个转变：全面转向智能化，全面转向互联网！

　　看到自己的好友王展鸿突然间有了这么重大的转变，国内最大的服饰企业——达克服饰集团的董事长吴达很好奇，便打电话问王展鸿："你公司做得好好的，干吗突然要折腾这么大的动静啊？"

两个转变：全面转向智能化，全面转向互联网！

"不是我想折腾，而是如果我现在不折腾，企业就会被淘汰，以后连折腾的机会都没有啊！老吴，你也应该好好思考一下自己企业未来的发展，现在这个世界发展太快了，我都有点感觉跟不上时代啰！"王展鸿自从看到 DCL 集团的未来之后，一直心有余悸，对于互联网和新技术抱着深深的敬畏："你也应该去看一看自己企业的未来，也许会对你的思考有所帮助！"

很快，王展鸿通过肖洒，帮助吴达与都教授预约好了时间。第二天一大早，吴达就乘坐最早的航班飞到了肖洒所在的城市，前往悦榕山庄向都教授请教。

当吴达戴上百歌眼镜见到都教授的时候，同样是被眼前的情景震撼到了。他虔诚地问了一个问题："十年以后，达克公司会变成什么样？"

都教授很认真地说："如果你今天不来找我，也许十年以后，达克公司就不存在了！"

吴达无法想象，当今国内排名第一和年销售额过百亿的达克服饰集团，十年以后竟然可能会消失！如果自己真的消失了，那么到底会是谁能够赢得这场战争呢？

孩子丢失之痛

随着眼前场景的快速切换，吴达看到了一个农贸市场，一位年轻的妈妈带着一个 3 岁左右的小男孩正在买橘子。突然间，小男孩发现不远处有一个卖气球的，就自己一个人跑了过去，而妈妈却毫无察觉，仍然在专心地挑橘子。就在这时，吴达看到一位中年妇女迅速地抱起孩子，爬上了一辆面包车，"咚"的一声关上车门，车子迅速离开了农贸市场。

而在此时，年轻的妈妈刚刚挑完橘子，正在从钱包里掏出一张百元大钞结账。收到找回的零钱以后，妈妈拿出一个橘子，准备递给孩子，扭头一看，却猛然发现孩子不见了，她的脑子立刻就"嗡"的一声发懵了，瞬间一片空白。妈妈焦急地喊着孩子的名字，就像没头苍蝇似的到处乱找，见一个人就问有没有看见一个 1 米多高、穿黄衣服的小男孩，结果路上的人都说没看见。找了半个多小时，妈妈彻底崩溃了，一屁股坐在地上，号啕痛哭起来。

看到这里，吴达也忍不住擦了擦眼角的泪水，想起了自己可爱的 3 岁小孙女。都教授告诉了吴达一个更可怕的数字，全国每年差不多有 20 万名儿童丢失，但找回的概率只有希望渺茫的 0.1%！

有没有一种办法，能够随时随地知道孩子的位置，从而减少这类悲剧的发生呢？正想着的时候，画面切换到了一个写字楼里，吴达看见了自己的儿子正在聚精会神地办公。突然，他的手机"嘀嘀"响了一下，屏幕上显示出一条消息：女儿朵朵已经到达幼儿园。点进去之后，显示的是一个地图的画面，中间最醒目的地方标注着朵朵的头像，目前正停留在幼儿园的位置。

吴达再到幼儿园一看，孙女果然正在跟送她上学的奶奶挥手再见呢，一副依依不舍的样子，然后就像小兔子一样，转过身蹦蹦跳跳地跑进了教室。

过了一会儿，儿子的手机上又收到一条消息，显示朵朵去了陌生的地方，这个地方是她以前从来没去过的。儿子点进去一看，原来是科学技术馆，他这才想起来：学校上周就发了通知，今天安排小朋友们去参观科学技术馆。而在儿子的手机上，甚至把朵朵所坐大巴的行车轨迹都显示出来了。

吴达心里暗暗称奇，很好奇这一切是怎么实现的。他很感叹，如今的科技真是太发达、太有用了！有了这个神奇的技术，孩子即使真的不小心走丢了，找回的概率也会比以前提高几十倍甚至几百倍啊。

很快，放学的时间到了，奶奶也很时髦地打开智能手机，查看了一下朵朵的位置，发现她现在又回到了学校，于是便让司机开车搭着她去学校。到了学校一看，朵朵刚好放学，看到奶奶来接自己，立刻像小鸟一样飞快地扑到了奶奶的怀里，然后叽叽喳喳地讲今天在科学技术馆看到的各种新鲜东西。

刚回到小区，儿子的手机上又出现了一条消息，告诉他朵朵已经回到家了。朵朵踏进家里的大门以后，立刻换上一双毛茸茸的拖鞋。让吴达感到奇怪的是，朵朵并没有把在学校里穿的运动鞋放在鞋柜里，而是熟练地摆在了一块天蓝色的托板上，托板尾部还有一个绿色月牙形 LED 灯开始一闪一闪的，看这样子应该是在给鞋子充电。

儿童智能鞋的真正价值

鞋子竟然需要充电？吴达感到越来越迷惑。都教授看出了吴达的迷惑，拿起那个鞋子，掀开脚垫，指着里面一块白色的长方体说:"就是这个小小的东西,让普通运动鞋拥有了智能,家长可以随时随地知道孩子的位置。你看到的这个闪灯的托板正是无线充电板,连 3 岁小孩都知道该怎么给鞋子充电,简单吧?"

"可是,我的儿子和太太又是怎么知道孩子的位置呢?"吴达依然有点不解地问道。

都教授从鞋子里取出白色的长方体,对吴达说:"是这样的,别看这个东西体积很小,可它的功能却非常强大,肚子里集成了 GPS 卫星定位芯片、GPRS 蜂窝通信模组、WiFi 定位模组和加速度计,能够实时把孩子的位置和运动等数据,通过无线网络上传到云端,然后在你的手机上下载一个 App,就能实时看到孩子的状况啦!"

"原来是这样!"吴达微微地点了点头,他做了很多年的鞋子,以前研究的总是流行色、材质、款式等,从来没想到鞋子里竟然也能玩出这样的高科技,不但技术先进,关键是功能还非常实用。

"这样的鞋子应该很贵吧?"吴达忍不住问道。

"你再来看看价格!"都教授把吴达带进了一家达克专卖店,径直来到鞋的展区,最醒目的地方摆着的正是刚才朵朵穿的那款儿童智能鞋。除此之外，还有面向老人的智能防丢鞋、面向女生的智能减肥鞋……吴达一下子看到这么多从来没见过的新产品，就像刘姥姥进了大观园似的，不停地感叹未来的科技发展真快啊！然而，真正让他吃惊的是价格，以儿童智能鞋为例，一双鞋卖399元，几乎与传统的鞋价格持平。以吴达的经验，这样的价格几乎就是成本价。

"这个价格能赚钱吗？"吴达疑惑地嘀咕道。

都教授很清楚吴达的担心，他又带着吴达看了一副画面，正是达克服饰的股价走势图。这时候，达克服饰已经更名为"达克云网"了，股价在最近的3年足足上涨了10倍！更让吴达惊讶的是，公司的净利润也比以前涨了很多，他怎么也想不明白，这鞋子一分钱不赚，可能还要反过来补贴渠道费用，那这么多的利润究竟又是从哪里来的呢？

吴达随手翻开一篇基金公司对达克云网的调研报告，上面显示：达克公司自战略转型以来，坚持用户导向的策略，3年时间一共发展了1000万个用户，稳居行业第一。每个用户的估值高达1000美元，公司市值因此也创纪录地突破了100亿美元，是3年前的10倍。公司目前已经成为3～6岁儿童消费最大的入口，与儿童教育、儿童娱乐、儿童食品等

达克公司自战略转型以来，坚持用户导向的策略，3年时间一共发展了1000万个用户，稳居行业第一。每个用户的估值高达1000美元，公司市值因此也创纪录地突破了100亿美元，是3年前的10倍。公司目前已经成为3～6岁儿童消费最大的入口，与儿童教育、儿童娱乐、儿童食品等行业进行广泛的合作……

行业进行广泛的合作，参股、控股了一大批与儿童产品相关的公司，通过联营、广告等深度合作，每年在这方面的净收益高达30亿元人民币。鉴于达克云网领先的市场地位和庞大的用户规模，继续给予"买入"评级，预计未来一年仍有100%的上涨空间。

看到这里，吴达才恍然大悟！他虽然还不太了解"用户""羊毛出在猪身上"等互联网概念，但是他现在已经很清楚地知道了自己企业的未来。未来的竞争根本就不是传统意义上的产品之争，而是用户之争。他无法想象：如果自己今天没有亲眼看到未来，那么当竞争对手推出类似产品的时候，他可能也根本不会重视，觉得那只是营销噱头而已。服饰行业同样也是概念满天飞，谁也没有真的把它们当回事。但是一旦对手牢牢占领了用户的入口，对于达克服饰来说，可能就根本没有翻身的机会。

　　这一次，真的是"狼来了"。在"云"的时代，不懂互联网就像过去不认识字一样，没有文化真可怕。与都教授道别之后，吴达立刻乘坐当天最晚的航班返回公司，并连夜召集全体高管召开紧急会议。

第 13 章　汽车企业如何进行
战略转型

未来的汽车本质上是什么

看到了吴达的巨大变化，宝驰汽车公司的董事局主席马隆也感到非常好奇。汽车行业经过了近10年的高速发展，市场越来越成熟，消费者越来越理性，利润也在逐年下降。他最近一直思考的是，下一个10年汽车行业靠什么来竞争。

相对于其他行业而言，汽车行业可谓是四平八稳。任何一项重大的改进，往往需要提前3～5年来规划，并且在经历过各种极端环境的考验以及严格的安全测试之后，才能正式投入市场，否则很容易产生巨额召回损失。也正因为如此，汽车行业向来对各种新技术持有谨慎态度，一般都得等到非常成熟的时候才敢投入使用。

马隆领导的宝驰汽车向来以"创新"闻名，他们设计和生产的汽车深受年轻人喜爱，在15年的时间里从无名之辈一跃成为国内第二大汽车集团。然而，随着竞争的加剧，他们在产品上的差异化优势也正在被竞争对手逐渐缩小。最近，有一款叫"特拉风"的电动汽车非常火，车如其名，外形非常"拉风"，百公里加速竟然只需要4.4秒，许多明星和互联网大佬都纷纷抢购。有许多人建议马隆也赶紧转向电动汽车的开发，认为那是未来的趋势。可是马隆总觉得电动汽车的噱头大于实质，宝驰集团之前也专门成立过一家电动汽车公司，在技术上已经基本成熟，但是销量却十分惨淡，最后主攻的方向变成了城市电动公交车。

同样在肖洒的安排下，马隆也带着一肚子问题来向都教授好好请教。

马隆请教的第一个问题是，公司是不是应该把电动汽车作为未来的主攻方向？因为最近特拉风汽车的表现，无疑让所有的汽车人眼前一亮。

都教授反问道："你认为特拉风汽车的本质是什么呢？"

马隆沉思了一下，回答说："我觉得他们是一种新能源汽车，随着石油资源的逐渐枯竭，汽油未来一定会被其他新能源所替代。"

"哈哈，马隆先生，从30年或者50年之后来看，你的判断是对的。但是就10年的长度而言，电动汽车能否取代普通汽车还不好说呢，原因你懂的。"

马隆觉得有点尴尬，因为他从心底认为，特拉风跟其他汽车并没有什么本质上的不同，只是特拉风做得更巧妙：它充分利用了电动车加速快的优点，把汽车做成了漂亮的跑车外形，从而赢得了不少年轻人的心。但是300多公里的续航能力，实在不敢让人恭维，这就注定了其是有钱人的第二辆或者第三辆"玩具车"而已。

都教授看出了马隆的尴尬，笑着替他解围："你有没有发现，特拉风其实是一部'大手机'。"

特拉风其实是一部"大手机"。

"大手机？"马隆第一次听到这样的形容，忍不住哈哈笑了半天，这个比喻实在是太逗了。可是他仔细一想，还的确是这么回事：这辆车有自己的操作系统，内置了全球漫游的 SIM 卡，拥有 17寸的超级大屏幕，可以安装各种应用，也能自己在大半夜悄悄地升级系统。同时，车主可以通过手机 App 来查看和管理汽车本身的数据，这实在是太酷了！

"那你认为特拉风到底是汽车公司还是互联网公司？"都教授继续问马隆。

马隆恍然大悟，这就是典型的互联

网公司做法啊！虽然他还不是太了解互联网，但是吴达之前曾经给他详细地介绍过"用户"的概念，所以他很快就明白了特拉风公司真正的价值所在。在普通人看来，特拉风不过是一辆很酷、很炫的电动跑车而已，但是在明白人眼中，特拉风早已远远超越了汽车本身，而是一个典型的互联网产品。

在普通人看来，特拉风不过是一辆很酷、很炫的电动跑车而已，但是在明白人眼中，特拉风早已远远超越了汽车本身，而是一个典型的互联网产品。

重构汽车产业链

可是，这样的一辆车究竟有什么价值呢？正在思考的时候，都教授带着马隆走到了一面巨大的液晶显示墙面前，上面展示着完整的全国地图，地图上的各个地方时不时地会蹦出各种图像和数据。马隆仔细看了一下，这里竟然是宝驰公司的中央指挥室，地图上面冒出来的正是一个个汽车维修和保养订单。让他疑惑的是，这些订单又是怎么形成的呢？

眼前的场景渐渐远去，他们飞到了窗外，然后坐到了一辆汽车的后座上，这正是宝驰公司最畅销的320L车型。突然，汽车自己说起话来："主人，我们的电瓶快没电了，预计最多能坚持使用1个月。前方1000米处有一家宝驰公司认证过的维修点，价格也是5折的团购价，他们目前是空闲状态，您现在是否要预约？"

司机是位年轻的美女，她的脑子快速闪了一下今天的日程，发现上午的时间相对充裕，便直接回复道："请帮我预约一下现在的时间，我要去更换一下电瓶。"不一会儿，汽车便提醒司机并开始导航："预约已成功，请您沿着本道路继续直行1000米，右侧即到。"

不一会儿，汽车便开到了一个维修店，门口挂着"宝驰汽车售后服务认证"的牌子。店里的小伙子很热情，熟练地用手机拍了一下车牌号，系统便自动调出预约信息，经过车主在手机上进一步授权，维修店里还读到了更多关于本车的历史保养和维修信息。

很快，维修店便帮助车主换好了车厂原装电瓶，前后只花了 15 分钟。结账时,美女车主的手机 App 上自动弹出了一个账单,确认金额后,她轻轻输入密码,便立刻完成了支付,最后又给了维修店一个五星好评,这中间几乎没有任何排队等候和浪费的时间。

换完电瓶后,美女司机坐在驾驶座上,对着方向盘说了一句:"现在我要回公司!"汽车很快就有了反馈:"路线规划完毕,您回公司一共 15 公里,按照目前的路况预计 20 分钟。在您回去的路上距离这里 1 公里的地方,有位女士希望搭乘您的顺风车,她的信用度是 98 分,与您的路线有 90% 的重合度,您是否要去接上她?"

"接上她!"美女司机回复道。

"已经与她确认完毕!请您在前方路口第一个红绿灯左转,并直行 300 米接上她!"汽车重新规划了导航路线,并提醒司机在前方接上需要搭车的乘客。

汽车很快就接上了乘客,然后继续沿着原先规划的路线向前行驶。乘客下车的时候,她的手机 App 上自动弹出了 32 元的账单,输完密码点击确认后,美女司机的手机上立刻收到了对方已付款的消息提醒。

看到这里,马隆觉得很纳闷,这一切到底是怎么完成的？因为他并没有看到任何额外需要人工操作的地方，一切都那么流畅自然。

都教授微笑地解释说："这一切奥秘都在您制造的车上。在未来，每一台车都是联网的，车上的行驶数据都会上传到云端，所以各种维修保养、计程计时都是全自动的。虽然国家以前不允许拼车，但是自从移动互联网诞生以后，出现了像 Uber 这样的'巨无霸'，受到了普通老百姓的热烈欢迎，他们公司在短短 4 年内估值就达到了 400 亿美元，已经深刻地改变了很多地方的法律法规，帮助很多城市大大缓解了拥堵问题，拼车也统一纳入了政府监管范围。刚才这位美女车主顺道搭了一位乘客，既优化了公共汽车资源，又为自己赚回了一点费用，何乐而不为呢！"

未来汽车的盈利模式

美女司机送完乘客之后，继续往前开了一小段，不知不觉目的地就到了。这时汽车又开始说话了："主人，您本次驾车一共行驶了 16 公里，花了 30 分钟，驾驶得分为 95 分，下次投保可以自动减免 300 元保费，请您继续保持！"

"啥？开车还能自动减免保费？"马隆更惊讶了。

"是的，以前车险就像'大锅饭'，开多开少一个样，开好开坏也是一个样。但是现在有了技术手段的支持，结果就变得很不一样了，保险公司的车险费率其实主要跟三个因素有关：一是行驶里程数，开 1 万公里跟 10 万公里出险的概率肯定是不一样的，所以现在的保险都加上了里程参数；二是行驶区域，每天只是在市区上下班开车，跟天天跑长途出险的概率也是不一样的；三是驾驶习惯，得分越高说明驾驶习惯越好，从概率上来讲出险的可能性也越小。所以根据综合评判，保险公司就可以给表现好的车主直接减免来年的保费！"都教授详细地解释道。

听到这里，马隆感慨地说："没想到啊，我们在汽车上做的一点小小的改动，竟然能够诞生这么多新业务，这要是放在以前，那可是连想都不敢想啊！"

"是这样的！不但如此，一旦发生车祸，汽车会主动把碰撞信息上传到云端，保险公司可以第一时间启动救援计划。当碰撞的相对速度超过 100 公里 / 小时的时候，甚至根本就不需要车主手动报警，系统会自动安排'120'和'122'前来进行救援，因为这时候，车内的人员可能已经晕过去了。"都教授继续补充道。

马隆像是发现了一个巨大的金矿，感觉非常兴奋。因为对于他来说，汽车简直与亲生儿子一样，他把自己生命中的绝大部分精力都献给了汽车。从小时候开始，他就很喜欢各种汽车玩具；读大学时，他又读了国内最好的汽车系；毕业以后，他进了一家汽车厂，从最底层的技术员干起，一步一步做到组长、车间主任、副厂长、厂长，直到后来创建宝驰汽车，使其成为国内第二大汽车品牌。论对汽车结构和制造的了解，国内能超过他的人恐怕没几个。但是，马隆今天看到的是一个完全不同的世界，一个让他觉得非常陌生的领域。而这恰恰是汽车行业的未来。

想到这里，马隆突然问了都教授一个问题："都教授，未来我的这些车的零售价是多少？"

"哈哈哈哈！"都教授爽朗地笑了，"你问了一个非常漂亮的问题！以你刚才看到的这款 320L 为例，今天零售价是18 万元，未来会直接降到 10 万元以内。"

"什么？"马隆不相信自己的耳朵，"这个价格我们不但没有利润，而且还要倒贴很多钱啊！"

你看到的各种场景，只是汽车产业链的一部分，通过共享用户和共享数据的模式，接入你们的各种服务都会与你进行分成。而宝驰公司未来的主要利润来源，则会变成用户在汽车产业链上的持续消费。宝驰公司的市值也会达到现在规模的10倍以上，这是一个数量级的差距！

"卖车没利润是肯定的，但倒贴钱却未必。别忘了，这场价格战在未来，就是你亲自发动的！因此在很短的时间内，你们会迅速成为行业第一，并且积聚了大量的用户。刚才你看到的各种场景，只是汽车产业链的一部分，通过共享用户和共享数据的模式，接入你们的各种服务都会与你进行分成。而宝驰公司未来的主要利润来源，则会变成用户在汽车产业链上的持续消费。宝驰公司的市值也会达到现在规模的10倍以上，这是一个数量级的差距！"

"怪不得啊！原来我也变成了一家拥有用户和数据的互联网公司！谢谢都教授，感谢你提前告诉我未来，我现在就立刻回去布置！"此刻，马隆的心早已飞回了公司，飞向了属于未来汽车的新时代。

第 14 章

**更多企业如何进行
战略转型**

送走了马隆，都教授决定休息一阵子，开始闭门谢客。但是由于事关每个行业的生与死，因此前来找肖洒取经的人络绎不绝，几乎要把东方公司的大门挤破了。

在临走之前，都教授给肖洒写了20字箴言，让他把这个秘诀传授给前来取经的每一个人。肖洒打开一看，这20个字竟然是一个公式：

云战略＝＃万物互联＃（用户 × 羊毛出在猪身上）^ 资源整合

其中："云战略"是传统企业借助互联网转型的整体解决方案，为传统企业指出了一个可操作、可落地的方向；"万物互联"是转型的前提和手段，未来所有的产品都会实现智能化和云端化，包括直接的和间接的；"用户"是典型的互联网概念，有了万物互联之后，一定要借助与用户之间建立起来的持续沟通关

云战略 = ＃万物互联
＃（用户 × 羊毛出在
猪身上）^ 资源整合

系牢牢黏住用户；"羊毛出在猪身上"指的是每个用户可能产生的收入，所以与用户之间是相乘的关系；"资源整合"是借助资本和产业链上下游等资源，能够快速提高公司的价值和成长速度，所以与前面整个基数是指数关系。

对于传统企业来说，还有一个好消息会让大家倍感欣慰。都教授明确指出：未来互联网的竞争主要是线下能力的竞争，而非像过去那样主要依靠线上的竞争。互联网的物理化让更多传统企业得以参与进来，并且以更高的起点和更深的积累迅速成就一个又一个10亿美元的公司。因此，都教授大胆预测：

在传统企业时代，从零做到10亿美元的公司，大约需要10年时间。

在PC互联网时代，从零做到10亿美元的公司，大约需要5年时间。

在移动互联网时代，从零做到10亿

在传统企业时代，从零做到10亿美元的公司，大约需要10年时间。

在PC互联网时代，从零做到10亿美元的公司，大约需要5年时间。

在移动互联网时代，从零做到10亿美元的公司，大约需要2年时间。

在万物互联时代，从零做到10亿美元的公司，最快可能只需要12个月时间。